Ernst Baasch

Die Steuer im Herzogthum Baiern bis zum 1. landständischen

Freiheitsbrief - 1311

Ernst Baasch

Die Steuer im Herzogthum Baiern bis zum 1. landständischen Freiheitsbrief - 1311

ISBN/EAN: 9783744620437

Hergestellt in Europa, USA, Kanada, Australien, Japan

Cover: Foto ©Suzi / pixelio.de

Weitere Bücher finden Sie auf **www.hansebooks.com**

Die
Steuer im Herzogthum Baiern

bis zum

1. landständischen Freiheitsbrief (1311).

Inaugural-Dissertation

zur

Erlangung der Doctorwürde

der philosophischen Facultät der Universität Marburg

e i n g e r e i c h t

von

Ernst Baasch

aus Hamburg.

M a r b u r g.

1888.

Druck von Lüteke & Wulff in Hamburg.

Die Steuer im Herzogthum Baiern

bis zum 1. landständischen Freiheitsbrief (1311).

Seit dem 13. Jahrhundert ruht der Schwerpunkt der deutschen Geschichte in den Territorien; die Bedeutung der Centralgewalt tritt zurück. In den Territorien entwickeln sich alle Institutionen, die das Reich als solches nicht hatte zur Vollendung bringen können; so wird vor Allem das wichtigste materielle Machtmittel, die Steuer, in den Territorien ausgebildet, nicht im Reiche. Erst in der allerneuesten Zeit hat das Reich eigene Einnahmen erhalten; das alte Reich musste sie entbehren. Allerdings ist mehrfah versucht worden, eine Reichssteuer, deren Einführung auf die Entwicklung der Reichsverfassung von hervorragendem Einflusse hätte sein müssen, zu Stande zu bringen. Die erste Nachricht von einer allgemeinen Reichssteuer finden wir unter Heinrich IV.[1]); dieser Kaiser zog sich durch sein Project vielfache Misgunst zu, und es blieb bei einer Besteuerung der Städte; die Aufforderung, welche Benzo von Alba an den Kaiser richtete, durch eine allgemeine Reichssteuer der

---

[1]) vgl. das „Fragment alter bairischer Annalen" bei Giesebrecht, Gesch. d. deutschen Kaiserzeit IV² pag. 513 ff; Zeumer, die deutschen Städtesteuern, insbesondere die städtischen Reichssteuern im 12. u. 13. Jahrhdt., pag. 161 (in Schmoller's Staats- und sozialwiss. Forschungen I. Heft 2).

kaiserlichen Herrschaft eine feste, materielle Basis zu schaffen, wurde nicht befolgt und konnte auch wol nicht befolgt werden[2]). Im weiteren Verlaufe der deutschen Geschichte treten dann die Versuche Heinrichs V. und Ottos IV. zur Einführung einer Reichssteuer hervor, Versuche, welche Interesse erwecken besonders dadurch, dass gerade diese Kaiser in engen verwandschaftlichen Beziehungen zum englischen Königshause standen und durch diese Beziehungen in der Idee einer Reichssteuer beeinflusst worden sind[3]). Die Verwirklichung dieser Pläne scheiterte an dem Widerstande der Fürsten gegen Institutionen, welche die Centralgewalt notwendig hätten stärken müssen, an der Opposition der sich erhebenden Territorialgewalten.

Und nicht viel anders verliefen ähnliche Versuche in einer späteren Epoche, zur Zeit der „Hussitennoth". Auf dem Nürnberger Reichstage von 1422 ward der Vorschlag der Fürsten, in dem „hundertsten Pfennig", eine allgemeine Reichssteuer zu erheben, von den Städten abgelehnt[4]); wieder schlug[5]) 1426 König Sigmund eine Reichssteuer vor, ohne Erfolg zu haben; endlich ward Ende 1427 in Frankfurt eine

---

[2]) vgl. Lehmgrübner, Benzo von Alba (in: Histor. Untersuchungen, herausgeg, von Jastrow, Heft 6) pag. 122 ff. Auffallend ist, dass L. nicht die Nachricht des bairischen Fragments mit Benzos Mitteilung in Verbindung zu bringen versucht, wie es meiner Ansicht nach doch nahe liegen muss. L. scheint die Nachricht des bair. Fragments ganz übersehen zu haben, da er pag. 124 dem Kaiser vollständig die Absicht einer allgemeinen Reichssteuer abspricht. Dass „der Gedanke der Steuer Benzo's Eigentum ist", wie L. meint, könnte man auch bezweifeln; die Nachricht des Fragments gehört an das Ende von 1084; Benzo schrieb das 1. Buch seines Werkes zwischen 1085 u. 1086 (vgl. L. pag. 28); es könnte also sehr gut Benzo's Erörterung über die Steuer als von der in dem Fragment angegebenen Absicht des Kaisers, eine allgemeine Steuer zu erheben, beeinflusst angesehen werden.

[3]) vgl. Waitz, Verf. Gesch. VIII. 399 ff; Zeumer in der angegebenen Schrift pag. 100 ff.

[4]) vgl. v. Bezold, König Sigmund und die Reichskriege gegen die Hussiten I. pg. 90 ff.

[5]) ebenda II. pg. 78.

allgemeine Reichssteuer beschlossen[6]); doch gingen die Summen
so unvollständig und saumselig ein, dass man den Plan nicht
anders denn als vollkommen mislungen betrachten konnte[7]).
Wohl ist dann noch einige Male ein „gemeiner Pfennig" beschlossen worden. Allein das die staatliche Einheit des
Reichs repräsentierende System des „gemeinen Pfennigs" unter-
lag gegenüber dem die Machtfülle der localen Gewalten zum
Ausdruck bringenden der Matricularbeiträge. Ausser diesen
hat das alte Reich nur noch, seit etwa dem 13. Jahrhundert[8]),
ein für alle Male fixierte Jahressteuern der Mehrzahl der
Reichsstädte aufzuweisen.

Gelang also dem Reich als solchem die Ausbildung einer
allgemeinen Steuer nicht, so haben dagegen die Territorial-
herren eine ordentliche, öffentliche Steuer zu entwickeln ver-
mocht. Zuerst finden wir eine solche im Westen des Reichs,
der auch hierin wieder dem Osten bahnweisend voranschreitet,
in Lothringen und am Niederrhein; später in allen deutschen
Landen.

Der Zweck der folgenden Untersuchung ist es nun, die
Anfänge des Steuerwesens in einem deutschen Territorium,
nemlich in Baiern, darzustellen[9]). Grade Baiern eignet sich
für eine derartige Aufgabe gut; nicht allein, weil wir ein
recht umfangreiches — zum Teil allerdings höchst mangelhaft
edirtes — Material von diesem Lande besitzen; sondern auch
weil Baiern schon frühzeitig ein geschlossenes Ganze bildet,
von dem seitdem nur geringe Teile an andern Territorien gekommen sind. Auch die erste Teilung des Landes, die von

---

[6]) II. pg. 126 ff.

[7]) II. pg. 143 ff.

[8]) Zeumer a. a. O.

[9]) Zur Literatur über Territorialsteuer verweise ich auf Hoffmann,
Geschichte der directen Steuern in Bayern vom Ende des XIII.
bis zum Beginn des XIX. Jahrhdts. (Schmoller's Staats- und
sozialwiss. Forschungen Bd. IV. Heft 5); nicht erwähnt bei Hoffmann
ist Falke, Bete, Zise und Ungeld im Kurfürstentum Sachsen bis
zur Theilung 1485 (im 19. Heft der Mitteilungen des sächsischen
Vereins für Erforschung etc.). Vgl. auch Ad. Wagner, Finanzwissenschaft, 3. Teil. 1. Heft (Steuergeschichte) a. a. O.

1255, hat auf die innere Entwicklung desselben keinen Einfluss gehabt, sodass wir nicht etwa genöthigt sind, für die verschiedenen Teile des Landes die Steuer gesondert zu behandeln. Ich führe meine Untersuchung bis zum Jahre 1311; es ist das Jahr, in welchem, als Entgelt für die Bewilligung einer ausserordentlichen Steuer, den Landständen der 1. Freiheitsbrief seitens der Herzöge gegeben wurde. Diese Begrenzung ist eine lediglich durch praktische Rücksichten gebotene, rein äusserliche; denn die Steuer, von welcher wir vornehmlich zu handeln haben werden[10]), hat auch nach diesem Zeitpunkt fortbestanden.

Bekanntlich besitzen wir eine bairische Steuergeschichte vom Ende des 13. Jahrhunderts an von L. Hoffmann[11]). Doch berührt dieser die Steuer vor dem Jahre 1311 nur ganz flüchtig und verweist nur kurz auf Zeumers Abhandlung.

In erster Linie wünscht unsere Arbeit als ein kleiner Baustein zu einer allgemeinen deutschen Steuergeschichte angesehen zu werden; in zweiter Linie sucht sie einige Punkte in der Entwicklungsgeschichte der Landeshoheit aufzuhellen. In dieser Hinsicht vermeiden wir es jedoch, die Konsequenzen aus unseren Darlegungen zu ziehen; das überlassen wir denjenigen, welche die Entwickelungsgeschichte der Landeshoheit ex professo darzustellen unternehmen. Wir wollen jedoch darauf hinweisen, dass, wenn unsere Ausführungen sich bewähren, damit die Ansichten, welche kürzlich Lamprecht[12]) über die Entstehung der Landeshoheit und über die „Vogtei" vorgetragen hat, hinfällig werden.

Wir betrachten zunächst die Ausdehnung, den Rechtsgrund und den Ursprung der Steuerpflicht und wenden uns sodann in einem zweiten Teile der Frage der Steuertechnik zu.

Unsere Quellen sind meist urkundliche; ganz vereinzelt historiographische. Ein so reiches Actenmaterial, wie es für eine spätere Zeit Hoffmann zur Verfügung stand, ist

---

[10]) Ausgeschlossen von meiner Untersuchung bleibt die Judensteuer, da dieselbe weniger allgemeines Interesse bietet.
[11]) vgl. Anm. 9.
[12]) „Deutsches Wirtschaftsleben im Mittelalter", Bd. I., a. a. O.

naturgemäss nicht vorhanden für eine Epoche, in der das Steuerwesen sich erst entwickelte. Für uns kommen vorzüglich noch in Betracht die herzoglichen Urbare, von denen das älteste aus dem 3. Jahrzehnt des 13. Jahrhunderts, das zweite, in 3 Teile (Ober-, Nieder- und Transdonau-Baiern) zerlegte etwa aus dem Jahre 1280 stammt[13]. Für Oberbaiern steht uns als wichtige Quelle zur Verfügung das die Jahre 1291—1293 umfassende Rechnungsbuch des oberen Vitztumamtes[14].

Von allgemeinen steuergeschichtlichen Darstellungen benutzen wir besonders die schon erwähnte vortreffliche Schrift Zeumers, dem ich mich in den Resultaten seiner Untersuchung vollkommen anschliesse; auf die von ihm berührten, teilweise abweichenden Ansichten von Lang, Hüllmann, Eichhorn u. A. m. brauche ich deshalb nicht weiter einzugehen.

Für die Steuer finden wir in Baiern am meisten angewandt die Bezeichnung „steura, stiura, steora"; dann „exactio, petitio, consuetudo; collecta, tallia, precaria, parata, dacio"; meist in Zusammensetzungen, wie „daciones vel exactiones"[15]), „collecta nec exactio"[16]), „tallia vel exactio"[17]), „petitio vel consuetudo"[18]), „exactio vel steura"[19]), „exactio vel parata"[20]). Die Identität der Begriffe wird durch diese Zusammenstellungen erwiesen. Selten nur finden wir die in

---

[13]) Beide edirt im 1. Teile des 36. Bandes der Mon. Boica; ich citire stets nur als „Urbar"; das 2. Urbar beginnt pg. 135.

[14]) Edirt im Oberbairischen Archiv Bd. 26; ich citire es stets „Rech. Buch".

[15]) Mon Boica VII. 95; über die Bezeichnungen vgl. Zeumer pg. 3.

[16]) M. B. XIII. 141.

[17]) M. B. XV. 445; „tallia" kommt im Allgemeinen in Deutschland nur im Westen vor, vgl. Waitz, Verf. Gesch. VIII. 393: die oben citirte Zusammenstellung findet sich in einer Urkunde der Herzogin Ludomia, Mutter Otto des Erlauchten, von 1232.

[18]) M. B. XIII. 229.

[19]) M. B. XIII. 205.

[20]) M. M. X. 42.

Niederdeutschland vorherrschende Bezeichnung „Bede"[21]). Vor
dem 13. Jahrhundert finde ich das Wort „steura" in bairischen Urkunden nicht[22]).

Das 13. Jahrhundert ist die Zeit, in welcher die Steuer
in Baiern uns klar und deutlich entgegentritt; aber auch
schon im 12. Jahrhundert finden wir Spuren derselben. Es
sind dann stets Steuerverbote. Etwa 1140 verbietet Herzog
Leopold, dass man ein Gut des Klosters Aldersbach „exactione
qualibet" belästige[23]). Heinrich der Löwe verbot 1157 „exactiones quoque super ipsos (scil. monachos) vel super mancipia
eorum a quoquam fieri"; es betraf dies Verbot das Kloster
Ranshofen[24]); derselbe Herzog versprach 1160 dem Kloster
Polling, indem er zugleich über dasselbe die Vogtei übernahm,
„nullam exactionem vel paratam a nobis vel a vicario nostro
seu heredum nostrorum inibi fieri"[25]).

Zahlreich sind im 12. Jahrhundert die von Kaisern und
Päpsten ausgehenden Verbote der Steuerforderung[26]). Diese
Steuern werden wir nach den Untersuchungen Zeumers noch
als ausserordentliche, d. h. nicht regelmässig und nur bei
aussergewöhnlichen Anlässen erhobene, anzusehen haben[27]).

Für das 13. Jahrhundert dagegen ist die Existenz ordent-
licher Steuern nachweisbar, d. h. solcher, die im Allgemeinen
in regelmässigen Zeitabständen und in meist fixirter Höhe
gefordert wurden. Zwar zeigen die Fälle, in denen im
13. Jahrhundert die Steuer zuerst erscheint, auch noch nicht
ganz klar, ob wir es hier mit einer ausserordentlichen oder
ordentlichen Abgabe zu thun haben; wie denn überhaupt der

[21]) so M. B. XXXV. b. 28 (bete, betfrei).
[22]) Nur im 9. Jahrhdt. als „steora vel ostarstuopha", z. B. M. B. XXVIII.
    a. 98 (von 889); vgl. über die Bedeutung derselben Grimm,
    Deutsche Rechtsalterthümer pg. 298; Waitz, V. G. IV² pg. 115.
[23]) M. B. V. 330.
[24]) M. B. III. 322.
[25]) M. B. X. 42.
[26]) vom Kaiser z. B. M. B. IV. 423 für Reichersberg (1195); VII. 94
    für Benedictbeuern (1136); vom Papste z. B. M. B. XV. 270 für
    Mallerstorff (1139); vgl. Hinschius, Kirchenrecht I. 124.
[27]) vgl. Zeumer pg. 43.

Uebergang natürlich allmählich stattfand und die einzelnen
Stadien nicht genau zu verfolgen sind.

Wenn etwa 1210 Herzog Ludwig dem Kloster Raiten-
haslach versichert, es solle nicht „ab hospite domus sue de
Burchen" in Zukunft (deinceps) „alique collecte aut etiam
census gefordert werden[28]), so ist hier noch nicht recht ersichtlich, ob die Steuer — denn an eine Steuer haben wir
doch bei „collecte" zu denken — eine ordentliche ist. Eine
solche ist aber jedenfalls gemeint, wenn 1212 derselbe Herzog
dem Kloster Neustift gestattet[29]) „ut nec nos nec quispiam
judicum nostrorum steuram aut jus advocati accipiat";
denn gerade die Verbindung der ordentlichen Steuer mit
dem Vogtrechte ist, wie wir noch sehen werden[30]), characteristisch.

In den nicht viel später verfassten Urbaren erscheint
dann die Steuerpflicht als etwas feststehendes , und selbst-
verständliches; von da an haben wir die ordentliche Steuer
als die Regel, die ausserordentliche als die Ausnahme anzusehen.

Wir haben es nun zunächst und vornehmlich mit der
ordentlichen Steuer zu thun.

In erster Linie suchen wir uns nun zu orientieren über
die Ausdehnung der Steuerpflicht.

Zunächst kommt dabei in Betracht die Frage, wer als
der die Steuer Bezahlende genannt wird. Als solche treten
uns meist Klosterleute entgegen, ohne dass es stets genau zu
erkennen wäre, in welcher Art von Abhängigkeitsverhältniss
sie zu ihrem Kloster stehen; bald sind sie bezeichnet mit dem
Ausdruck „des Goteshaus Laeut"[31]), bald als „Colonen"[32]) oder
solche, denen „jure colonie" Güter verliehen sind[33]) oder die
Güter in Leibgedinge empfangen haben[34]), oder als „ville

---

[28]) M. B. III. 124.
[29]) M. B. IX. 574.
[30]) vgl. unten Anm. 113.
[31]) so M. B. X. 482 (von Scheiern) u. öfter.
[32]) M. B. XI. 382; XXIV. 330 u. ö.; „Colone" wird für Freie und
Unfrei gebraucht; vgl. Waitz; V. G. V. 201.
[33]) M. B. II. 209 (Baumburg).
[34]) M. B. VI. 406; VII. 142 u. ö.

villici"[35]. Diese Klosterhintersassen, wenn wir die Genannten
mit diesem Ausdruck zusammenfassen dürfen, werden als die
Steuer bezahlend in den meisten Urkunden, in denen überhaupt von Steuerzahlung die Rede ist, genannt. Wir würden
jedoch fehl gehen, wenn wir diese Tatsache anders erklären
wollten als dadurch, dass überhaupt die Mehrzahl der erhaltenen Urkunden sich auf kirchliche Verhältnisse bezieht.
Dass die Steuerpflicht sich keineswegs auf den kirchlichen
Grundbesitz beschränkte, zeigen die nicht so einseitigen Urbare.
In ihnen sehen wir steuerzahlend ebenso weltliche wie geistliche
Hintersassen. Wenn aber sogar Hintersassen fremder Grund-
herrschaften (wie der Kirche) dem Herzog die Steuer zahlten,
so werden gewiss die freien Bauern, welche keinem grund-
herrschaftlichen Verbande angehörten, sondern direct dem
öffentlichen Gericht des Herzogs unterstanden, von der Steuerzahlung nicht freigeblieben sein.

Der freie Stand ist freilich in den Urbaren schwierig zu
erkennen; an freien Besitz, der Steuer zahlt, ist wol zu denken,
wenn es Urbar pag. 283 heisst „Vorstern huba dat tantum
steuras", d. h. nur Steuern, keine grundherrliche Abgaben,
zu denen die vor- und nachher aufgeführten Besitzungen
verpflichtet waren. — Der unfreie Stand dagegen wird sicher
erkannt, wenn zugleich mit der Steuer eine Zinszahlung angegeben ist[36]), wie das in den meisten Fällen, wo im Urbar
die Steuer erwähnt wird, stattfindet; speciell werden auch
„Zinsleute" als steuerzahlend bezeichnet[37]). Übrigens stehen
in den Urbaren nicht immer die Namen der Bauern, sondern
oft nur diejenigen der Ortschaften als steuerpflichtig angegeben;

35) M. B. VII. 142.
36) so z. B. Urbar pg. 441 „Ch. Hielther ze cius an sand Joergen
tag XL pf., — ze stewer 40 pfenn. und 1 huon"; ähnlich
pg. 452 u. öfter. Vgl. auch Lamprecht, Deutsches Wirtschaftsleben III. pg. 329 (von 1277) „primo antumpno recepit (scil.
burgravius de Rinecke und für den Erzb. von Köln) 30 carr. vini
et dimidiam de vine censuali et petitionis" u. öfter.
37) Rech. Buch pg. 310; daselbst auch eine Steuer „de hominibus
imperii", die nicht näher bezeichnet sind; v. Oefele bemerkt dies
schon pg. 275.

oder wir finden als steuerpflichtig nicht die Besitzer bezw.
Inhaber der Güter genannt, sondern die Güter selbst; diese
erscheinen dann bald als praedia, bona, curiae. Höfe, Mühlen[37]),
bald als Vogthufen, hubae advocales, bald als Lehen[38]).
Die zahlreichen Befreiungen von der Steuer können die
Regel der allgemeinen Steuerpflicht nur bestätigen. Die Be-
freiungsurkunden bilden in der Steuergeschichte eine Haupt-
quelle für unsere Erkenntniss. Wir müssen annehmen, dass
ein Jeder, der urkundlich von einer Steuer befreit wird, zur
Entrichtung derselben im Allgemeinen verpflichtet war. Da
treffen wir nun wieder auf dieselbe Gattung von Personen, die
wir schon direct als steuerpflichtig angegeben fanden; so wird
1304 von den Herzögen Otto und Stephan ein einzelner Colone
des Klosters Metmen befreit[39]); einzelne „Gotteshausleute"
werden befreit[40]); dann „Officiales" von Kloster Diessen[41]);
einzelne Klostergüter, wie von Tegernsee, Scheftlarn, Benedictbeuern und Prüfling[42]); Güter des Krankenhauses von Niederaltaich[43]); endlich ganze Klöster, wie Metmen und Neustift[44]).
Nur einen Fall finde ich, wo der Herzog einen Laien, den er
„servitor noster" nennt, von der Steuer befreit[45]).

Der Steuerpflicht steht gegenüber das Besteuerungsrecht; die Personen festzustellen, welche wir in der Ausübung
dieses Rechtes antreffen, wird unsere nächste Aufgabe sein. Als
Empfänger der Steuer finden wir meist den Herzog genannt[46]),
aber auch den Abt[47]), das Kloster[48]); einmal „das Kloster oder

---

[37]) Diese z. B. Urbar pg. 442.
[38]) Diese z. B. Urbar pg. 451.
[39]) M. B. XI. 382.
[40]) vgl. oben Anm. 30.
[41]) M. B. VIII. 199.
[42]) M. B. VI. 238; VII. 149; XIII. 239; Lang, Regesta Boica V. 133.
[43]) Quellen u. Erörterungen zur bair. und deutschen Gesch. V. 161;
die Anm. I. daselbst pg. 162, die eine Erklärung der Steuer geben
will, ist nicht ganz klar.
[44]) M. B. XI. 369—370; IX. 574.
[45]) M. B. XI. 367; das Amt dieses Mannes vermag ich nicht zu ermitteln.
[46]) z. B. M. B. II. 209; X. 482; Urbar. pg. 342.
[47]) M. B. VII. 370 (Wessobrunn).
[48]) VI. 406; Quellen u. Erört. I. 448.

den Vogt"[49]). Auch als Befreier von der Steuer sehen wir
meist den Herzog; dann den Abt, das Kloster. Da wir auch
hier wieder annehmen müssen, dass im Allgemeinen der von
der Steuer Befreiende auch derjenige ist, dem gegenüber die
Steuerpflicht bestand, d. h. der letzte Empfänger, so haben
wir also den Herzog und den Abt, bezw. das Kloster als diejenigen hinzustellen, denen gegenüber man steuerpflichtig war.
Die Fälle, in welchen das Kloster als Empfänger der Steuer
angegeben wird, können naturgemäss nicht in dem Grade für
eine dem Kloster gegenüber bestehende Steuerpflicht sprechen,
als es grade die von den Klöstern ausgehenden Steuer-
befreiungen thun. Denn wer von einer Verpflichtung befreit,
muss auch im vollem Besitze derjenigen rechtlichen Eigen-
schaften sein, welche diese Verpflichtung ihm gegenüber herbei-
führen, während nicht immer der angegebene Empfänger der
Steuer der letzte Empfänger zu sein braucht. In drei Fällen
finden wir in der für uns in Betracht kommenden Periode in
Baiern eine von Klöstern ausgehende Befreiung von der Steuer:

1297 überträgt Kloster Au einer Frau „jure precario"
eine Hufe, und es wird hinzugefügt „steuras etiam et servicia
maiora et minora ab ea suo tempore nullatenus repetemus",
und dasselbe Kloster will von einem gewissen Wernhart, welchem
es ein Gut verliehen, solange er lebt „weder Stuver noch
Dienst" nehmen[50]); in dem 3. Falle erlaubt der Abt von
Kloster Castel dem auf einigen dem Kloster geschenkten Gütern
wohnenden Colonen „absque omni steura et vectura nemoraria
ipsis (scil. bonis) presidere"[51]).

Anders ist es mit den Fällen, in welchem das Kloster
als Empfänger der Steuer angegeben wird, wie z. B. in einem
Pachtbrief des Klosters Beurberg, wo es heisst: „In stiura
insuper competenti nobis, cum necesse fuerit, respondere

---

[49]) M. B. VII. 132 (Benedictbeuern) „steuras, quas alie curie nobis vel
    advocato solvunt, mediam reddit."

[50]) M. B. I. 208 u. 212. Ueber Au war seit 1254 der Herzog von Baiern
    Vogt (vgl. Richter in: Mitteilungen des Instituts für österr. Gesch.
    Forschg. I. Ergänzgs. Bd. pg. 677. Anm.).

[51]) M. B. XXIV. 330.

tenentur" (nemlich die Pächter)[52]); hier ist es zweifelhaft, ob
das Kloster auch der letzte Empfänger dieser Steuer ist oder
ob der Klostervorstand sie nicht vielleicht von den Colonen zur
Ablieferung an den Herzog eingetrieben hat; denn dass ein solches
Verfahren vorkam, werden wir unten sehen[53]). Für die Ansicht,
dass das Kloster selbst für sich Steuern von seinen Hintersassen
erhob, spricht aber auch die Notiz im Aldersbacher Rechnungsbuche, woselbst wir unter dem Rechnungsjahre 1299—1300
lesen[54]): „Et eodem anno steuram, quam nos accepisse debu-
eramus de prediis nostris, relaxavimus quibusdam —"; und
in dem Schenkungsbriefe eines Wessobrunner Mönches, der seinem
Kloster ein ihm gehöriges Lehen schenkt, heisst es: „adici-
endum quoque supradictis, quod nullus abbatum seu
provisorum de memorato feodo aliquam steuram
exigat"[55]). Es muss das also doch nicht so selten vorge-
kommen sein. wenn man, wie hier, sich urkundlich dagegen
verwahrte. Jedenfalls ist aber der Character und die Grund-
lage dieser von den Hintersassen an die Klöster gezahlten
Steuer ein ganz anderer als derjenige der an den Herzog
entrichteten Steuer; das geht schon daraus hervor, dass wir
von Aldersbach und Wessobrun direct wissen, dass die Hintersassen dieser Klöster auch an den Herzog eine Steuer bezahlten[56]). — Im Allgemeinen müssen wir doch den Herzog
als denjenigen, dem man steuerpflichtig war, bezeichnen.

---

[52]) M. B. VI. 406.

[53]) siehe unten pag. 36.

[54]) Q. u. E. I. 448.

[55]) M. B. VII. 370 (von 1220—1243); vgl. auch Zeumer pag. 8 ff.

[56]) vgl. Q. u. E. I. 444. 448. 452 und VI. 33; vgl. auch Urkundenbuch
des Landes ob der Enns II. 673 (von 1228) Kloster S. Nicolaus
bei Passau verleiht ein Gut seinem Verwalter zu Landsiedelrecht
„ut inde nobis solvat annuatim in nativitate b. Marie tres solidos
patav. mon. tunc dative ad nostrum oblagium et 30 denarios
domino preposito pro steura;" dann IV. 117 (von 1289)
bestimmt Kloster Lambach „annuatim pro servicio in nativitate
b. virg. 60 den. pro steura communi, 20 pro steura advocatie, 10 pro rectura vini, 13 pulli nostre ecclesie persolvantur
feodo de eodem; u. öfter.

Der Weg von der Steuerpflicht führt über die Steuer-
befreiung zur Exemtion von der Steuer. Auch hierbei
haben wir zunächst von der Geistlichkeit zu reden. Während
dieselbe verpflichtet war, die Päpste fortwährend mit Abgaben
zu unterstützen[57]), und z. B. 1279 ein apostolischer Legat durch
ganz Ungarn und Deutschland ziehend Praelaten wie Pfarrern
eine grosse Steuer auferlegte (speciell dem Kloster Reichersberg 2 Talente und 2 Mark reinen Silbers[58]), beanspruchte
die Geistlichkeit Steuerfreiheit seitens der weltlichen Fürsten
und zwar nicht nur für die Personen, sondern auch für die
Güter. Soweit es die letzteren betrifft, ist es der Geistlichkeit
in Kloster und Kirche nun allerdings selten gelungen, diesen
Anspruch durchzuführen[59]), wie die angeführten Beispiele von
Steuerzahlungen geistlicher Güter ja schon zeigen. In Baiern
finden wir in unserer Zeit einige Spuren, aus denen man
schliessen kann, dass es einzeln der Geistlichkeit geglückt ist.
Im Aldersbacher Rechnungsbuche lesen wir: „Hoc anno (scil.
1299—1300) dux Otto tulit ab hominibus et prediis ecclesie
nostre hinc inde et trans Danubium CXXVI tal. De hac
steura pro supplemento contigit nos dare de claustro
circa VIII tal"[60]). Als etwas Aussergewöhnliches (contigit)
wird es also hier hingestellt, dass man „de claustro" habe
mit an der Steuerzahlung theilnehmen müssen. — Im 2. Urbar
finden wir eine Bemerkung, welche lautet „Item de predictis
bonis advocalibus pertinent ad ecclesiam Raitenbuch XXII
hube, de quibus nulla est requirenda stiura"[61]). Hier
ist also die Steuerfreiheit des geistlichen Gutes — und somit
doch der dasselbe bewirtschaftenden Hörigen — deutlich be-

---

[57]) vgl. u. A. O. Lorenz, Deutsche Geschichte I. 374.

[58]) Mon. Germ. hist. Script. XVII. 534 (Chr. Magni Presbyt. Cont. A.).

[59]) vgl. Hinschius, Kirchenrecht I. 125. „Trotz der wiederholten
Bestätigung aller Freiheiten der katholischen Kirche seitens der
deutschen Reichsgesetzgebung ist die Geistlichkeit wiederholt von
Reichswegen zu ausserordentlichen Steuern herangezogen, und auch
in den einzelnen Städten und Territorien sind sowol von weltlichen
wie auch selbst von geistlichen Landesherren theils mit theils ohne
päpstliche Indulte von der Geistlichkeit Steuern erhoben worden."

[60]) Q. u. E. I. 448.

[61]) Urbar pag. 198.

zeichnet. Weniger begünstigt scheint die Aebtissin von Niedermünster, über deren Gut in der Propstei Deggendorf der Herzog
Vogt war, gewesen zu sein; von diesem Gut heisst es⁶²) „ist
auch mit gewonhait herchomen, daz man geit von der vogtay III
pfunt, von der stewer IIII lib". Im ältesten bairischen
Urbar lesen wir einmal „von der pfarre von vogitrechte und
von stiura ain pfunt. Aver daz dorf fur stiurae ain
pfunt"⁶³). Der Umstand dass hier Pfarre und Dorf getrennt
als steuerpflichtig angegeben sind, lässt den Gedanken, dass
mit „pfarre" hier das Pfarrdorf, der Pfarrbezirk gemeint ist,
nicht aufkommen. — Wenn Herzog Heinrich 1258 das Kranken-
haus von Niederaltaich von der Steuer mit den Worten befreit⁶³ᵃ)
„nos ecce ad petitionem ipsorum fratrum plane cessimus omni
juri vel consuetudini steurarum vel exactionum quarumlibet,
que in bonis . . . . accipi possent" so zeigen schon die
letzten Worte die thatsächliche Ausdehnung des herzoglichen
Steuerrechtes auf geistliche Güter. — Während in den Raitenbuch und Niederaltaich betreffenden Fällen von Gütern die
Rede ist, wird auch wol betont, dass gerade die auf des
Klosters Gütern wohnenden Leute von der Steuer befreit
sein sollen; so bestimmt Herzog Ludwig 1266 für das von
ihm neugegründete Kloster Fürstenfeld „promittimus —, ut si
qui de nostris hominibus in prediis ecclesie prefate
locati fuerint, illi ab omni servitio et exactione nobis
debita quietī permaneant, quamdiu in eisdem prediis
fuerint residentes"⁶⁴). Ein derartiges Versprechen musste
natürlich die Ansiedelung auf den Gütern eines solchen Klosters
als etwas besonders Begehrenswertes erscheinen lassen. —
Eine grundsätzliche Befreiung von der Steuer beanspruchten,
gestützt auf ihre Ordensstatuten und Privilegien, die Cister-
zienser⁶⁵). Für das Kloster Altenhohenau erkennt das auch

---

⁶²) Urbar pag. 474.
⁶³) Urbar pag. 121.
⁶³ᵃ) Q. u. E. V. 161—162.
⁶⁴) M. B. IX. 90—91.
⁶⁵) vgl. Winter, Die Cistercienser etc. I. 33 „Die Cistercienser durften
grundsätzlich keine weltlichen Vögte haben." Damit hängt denn
natürlich der Anspruch auf Freiheit von der Steuer zusammen;

die Herzogin Mathilde an und nach ihr Herzog Rudolf[66]).
Auch verbot dieselbe Herzogin 1304 allen Beamten im Amte
Lengenfeld, von den Cisterziensern Steuern zu erheben[67]).
Ebenfalls Steuerexemtion beanspruchten im Allgemeinen
die Ritterbürtigen[68]). Directe Beispiele dafür, dass es ihnen
gelungen ist, diesem Anspruch während der für uns in Betracht
kommenden Zeit in Baiern Anerkennung zu verschaffen, vermag ich allerdings nicht vorzuführen. Eine Andeutung dieses
Anspruches und der Anerkennung desselben seitens des Landesherrn findet sich aber in der Urkunde, welche am 2. Januar
1302 die Herzöge Rudolf und Ludwig den Edlen ihres Landes
ausstellten; sie geloben nemlich diesen Edlen, die ihnen eine
Viehsteuer bewilligt, „daz wir und unser erben, dieweil und
wir leben, fürbaz kain gemain stewer an ir lewt und güt
müten und suchen süllen und an ir erben"[69]). Ich glaube mich
dem Herausgeber dieser Urkunde in den „Quellen und Erörterungen"[70]) anschliessen zu dürfen, wenn er in den letzten
Worten, besonders in dem „süllen", es seitens der Herzöge
anerkannt sieht, dass sie von Rechtswegen keinerlei gemeine
Steuer fordern konnten.

---

vgl. Urk. Buch des Landes ob der Enns II. 518: Herzog Leopold VII.
für Baumgartenberg (1209) „constat enim —, omnes cysterciensis
ordinis tale jus ex antiquo habere, ut nec ipsi nec ipsorum predia ulli advocato quicquam solvere debeant,
sed neque advocatum eis habere liceat, nisi defensorem principem
ipsum, qui caput est terre, in qua quique eorum degunt. — Zur
Beschaffung des Lösegeldes für Richard Löwenherz mussten „selbst
die Cistercienser, die bisher von allen Steuern frei geblieben waren,
die Schafschur eines ganzen Jahres entrichten." Toeche,
Heinr. VI. pg. 285 nach Annales Waverleienses.

[66]) M. B. XVII. 19 u. 29.

[67]) Lang, Regesta Boica V. 71; Rockinger in seiner Einleitung zu
v. Lerchenfeld, Die altbairischen landständischen Freibriefe,
Anm. 327.

[68]) vgl. v. Below, Die landständische Verfassung in Jülich und Berg
(in der Zeitschrift des bergischen Gesch. Vereins. Bd. 21.) pag. 201.

[69]) Q. u. E. VI. 131.

[70]) ebenda pag. 132. Anm. 1.

Wenn wir bisher die Steuerpflicht als eine persönliche Pflicht betrachtet haben, so ist sie doch keine Personalsteuer, sondern eine Realsteuer, d. h. nicht die einzelne Person als solche wird besteuert, sondern der Besitz derselben bildet das Steuerobject; von einer Kopfsteuer ist nie die Rede. Der Character der Steuer als einer Realsteuer zeigt sich besonders bei der Uebertragung, der Schenkung oder dem Verkaufe von Besitz; bei der Beurkundung solcher Vorgänge finden sich oft Bestimmungen über die Steuerpflicht oder Steuerfreiheit des in irgend einer Weise cedirten Gutes getroffen; so bestimmt z. B. Heinrich von Ramsberg,[71]) dass eins seiner Güter nach seinem Tode an Kloster Reichenbach fallen solle „volo tamen et statuo, ut ex eodem predio nichil amplius pretextu steure vel census extorqueri liceat"; und über ein an Kloster Ensdorf überwiesenes Gut wird festgesetzt, dass es „sine steura et servitio quolibet pure dei intuitu" behandelt werden solle[72]). Es kommt dabei nicht in Betracht, ob das cedirte Gut etwa schon vor der Cession sich irgend welcher Steuervergünstigung erfreute; die Thatsache, dass der Wechsel in der Persönlichkeit des Besitzers keinen Einfluss ausübte auf die Art der Besteuerung oder Nichtbesteuerung des betreffenden Besitzes, scheint mir festzustehen. Der Besitz, auf dem die Steuer ruht, ist hier also stets Grundbesitz; schon oben sahen wir, wie oft Grundbesitz als steuerpflichtig und von der Steuer befreit bezeichnet ward[73]). Herzog Heinrich verzichtet 1258 auf die Steuern, „que in bonis . . . accipi possent, in hiis videlicet prediis per summam proventuum et villarum situm expressis, videlicet in Tundorf etc."[74]); oft heisst es in den Urbaren „curia solvit pro stiura"[75]), oder „ze stewer von den

---

71) M. B. XXVII. 73.

72) M. B. XXIV. 59.

73) vgl. auch Zeumer pag. 85 ff.

74) Q. u. E. V. 161; das Regest bei Lang, Reg. Boica III. 108, auf das auch Rockinger, Anm. 327, sich bezieht, ist ungenau; vorausgesetzt, dass Urkunde und Regest identisch sind; vgl. Böhmer, Wittelsbach. Regesten pag. 77.

75) z. B. Urbar pag. 268.

hoeven"[76]) oder „de dimidia huba pro stiura"[77]). Herzog
Heinrich erklärt 1275 „predicta predia ... ab omnibus presta-
tionibus realibus et personalibus et quibuscunque exactionibus
— libera et soluta"[78]). Die Steuer ist also im Allgemeinen eine Grundsteuer, eng mit dem Grundbesitz
verbunden; da dieser in jener Zeit das hauptsächliche
Eigentum bildet, so ist der Character der Steuer als einer
Grundsteuer ganz naturgemäss. Neben dem Grund und Boden
finden wir noch Mühlen als steuerpflichtig; „deu stewer von
den III mueln V pfunt pfenn." heisst es im Urbar[79]).

Man könnte nun fragen „bezahlten denn diejenigen,
welche nicht im Besitze von freiem oder unfreiem Grund und
Boden — wenn man im letzterem Falle von Besitz reden
darf — waren, keine Steuer?" Dieser Frage ist zu entgegnen,
dass es auf dem Lande — und zunächst spreche ich von
diesem — wol kaum Viele gegeben hat, die ohne jeglichen
Grundbesitz, und wenn er noch so geringfügig war, gewesen
sind; was aber die angeht, welche wirklich in dieser Lage
waren, so erlauben mir die Quellen nicht, über das Verhältniss
dieser Leute zur Steuerpflicht eine allgemeine Ansicht aufzustellen; hier stehen wir vor einem „non liquet".

Ueberschauen wir unsere bisherige Untersuchung noch
einmal, so können wir sie zusammenfassen in dem Resultate:
Die Steuer, soweit sie das offene Land betrifft, ist eine von
der gesammten freien und unfreien Bevölkerung in der Regel
an den Herzog zahlbare, auf dem Grund und Boden, als dem
hauptsächlichen Besitze, ruhende Abgabe; Exemtion für sich
und ihre Hintersassen beanspruchen Geistlichkeit und
Ritterbürtige; besonders erstere vermag aber diesem Anspruch
nicht immer Geltung zu verschaffen.

Wenden wir uns nun zur Feststellung des Ursprungs
der Steuer und der Steuerpflicht. Wir haben oben
gesehen, dass in der Regel der Herzog als derjenige, der die
Steuer empfängt und eventuell von derselben befreit, genannt

---

[76]) z. B. pag. 442.
[77]) pag. 341.
[78]) M. B. V. 14.
[79]) pag. 442.

wird[80]); die herzoglichen Urbare, welche die Einkünfte des
Herzogs verzeichnen, führen die Steuer an als eine dem Herzog
zu entrichtende Abgabe; sie führen sie an neben und getrennt
von anderen, dem Herzog zukommenden Abgaben, den Grund-
zinsen von den herzoglichen Eigengütern[81]), dem Vogtrechte
oder der Vogtmutte von den Vogteigütern[82]). Von diesen genannten Abgaben ist also die Steuer verschieden in jeder
Hinsicht. Sie ist aber auch viel allgemeiner als eine jede
der anderen Abgaben; sie ist ausgedehnt auf alle innerhalb
des herzoglichen Territoriums — per totam potestatem
ducis[83]) — wohnenden Menschen, mit den genannten, auf
bestimmte Vorrechte gestützten Ausnahmen; das obrigkeitliche
Verhältniss aber, in welchem der Herzog zu Allen in seinem
Territorium wohnhaften Menschen gleichmässig steht, nennt
man das landesherrliche; wir können also auch die Steuer
als eine landesherrliche bezeichnen. Die landesherrliche Gewalt
oder Landeshoheit ist entstanden aus der gräflichen Gewalt,
d. h. dem Besitze der vollen öffentlichen Gerichtsbarkeit;
ebenso ist die Steuer aus dieser abgeleitet; sie ist eine Graf-
schafts- oder Vogteisteuer, denn Vogtei ist materiell identisch
mit Grafschaft; so wird denn die Steuer genannt als „ex jure
advocatitio debitum"[84]); oder wir finden auch wol „stiura advocalis"[85]), eine Bezeichnung, die ganz dasselbe bedeutet, wie
„stiura" ohne irgend welchen Zusatz; denn wir sehen auch
wol bei Gütern, über die der Herzog Vogt war und bei denen
dieser Umstand direct als Motivierung der Steuerpflicht angegeben wird, nur einfach das Wort „stiura" angewandt[86]),

---

80) vgl. im Allgemeinen Zeumer pag. 36 ff.
81) vgl. oben Anm. 35.
82) z. B. Urbar pag. 474 „ist auch mit gewonheit herchomen, daz man
   geit von der vogtay III pfunt, von der stewer IIII lib.": zum „Vogtrechte" vgl. unten Anm. 113.
83) Ann. Scheftlarienses, ad 1247 (Mon. Germ. Script. XVII. 343).
84) M. B. XIII. 240.
85) Urbar pag. 159.
86) z. B. Urbar pag. 474: Ez ist auch der hertzog vogt ueber der
   acptessin guot von Nider Muenster in der probstay zu Tekendorf;
   ist auch mit gewonhait herchomen daz man geit von der vogtay III
   pfunt, von der stewer IIII lib."

während man in solchen Fällen den Zusatz „advocalis" für nicht unangebracht halten könnte[87]). Die Steuer ist also eng

---

[87]) Fr. v. Wyss („Die freien Leute etc." in Zeitschrift für schweiz. Recht, Bd. 18. pag. 124 ff.) und im Anschluß an ihn Schweizer („Geschichte der habsburgischen Vogtsteuern" im Jahrbuch für Schweiz. Geschichte, Bd. 8) unterscheiden, indem sie sich an das habsburger Urbar anlehnen, zwischen Vogtrecht und Vogtsteuer; auch Aloys Schulte („Habsburger Studien" in Mitteilungen des Instituts für oesterr. Gesch. Forschg. Bd. VII. 513 ff) folgt ihnen; doch lassen Schweizer und Schulte neben Vogtrecht und Vogtsteuer auch noch die Steuer als etwas von der Vogtsteuer ganz Verschiedenes gelten. Wäre dies der Fall, dann müsste doch wohl aus dem habsb. Urbar mindestens ein Beispiel anzuführen sein, wo Steuer und Vogtsteuer getrennt neben einander auftreten. Schweizer hat in seinen Beilagen, welche Zusammenstellungen der Erträge enthalten, keinen derartigen Fall angeführt. Nun gibt es in der That einen einzigen solchen Fall, das ist auf pag. 198 (Pfeiffer'sche Ausgabe im 19. Bd. der Bibliothek des litterar. Vereins zu Stuttgart); auf diesen einen Fall hätte Schweizer also seine Ansicht gründen können; diese Stelle im Urbar lautet: „Die vorgenanten liute alle mit einander gebent jerglich niht mer ze stiure, mit vogtstiure unde pfenning-Zinsen, die vorgeschriben sint, danne XXII pfunt dn.". Also hier ist wirklich dem Wortlaute nach eine Trennung; merkwürdig schon ist es, dass in diesem einen Falle, wo eine tatsächliche Trennung vorliegt, dieselbe sich doch nicht auf den Betrag erstreckt. Aber ich glaube überhaupt auf diesen einen Fall nicht allzuviel Rücksicht nehmen zu müssen; pag. 144 heisst es: „Die ussidelinge . . . hant gegeben in gemeinen jaren ze vogtstiure . . ., derselben ussidelingen, die also stiurent, jeglicher git . . .!" Auf die „vogtstiure" ist hier das Zeitwort „stiuren" angewandt. Wollte man einwenden, dass es für das Hauptwort „vogtstiure" kein entsprechendes Zeitwort gibt, so verweise ich auf pag. 78, wo wir lesen: „Der selbe hof vervogtstiuret sich selber." Der eine Ausnahmefall scheint sich mir somit philologisch zu erklären. Zwischen Vogtsteuer und Steuer ist eben kein Unterschied, auch nicht in den Landen des habsburgischen Urbars; heisst es doch in letzterem pag. 160 „die vorgenanten burger ze Lenzburg hant gegeben von alter unde von gesatzter stiure . . .; diu selbe stiure ist von sache unde von bette des vogtes hoeher getriben"; also der Vogt erhöht hier die „Steuer". Schulte kommt auch nicht auf den doch naheliegenden Gedanken, dass Steuer und Vogtsteuer dasselbe seien, er sagt pag. 536 folgendes: „Vogtrecht wird zunächst von den freien Leuten zu Dammerkirch

mit dem Besitz der vollen öffentlichen Gerichtsbarkeit verbunden; das zeigt sich schon darin, dass oft mit der Befreiung von der Steuer auch diejenige von Vogtei oder Gericht
stattfindet; so befreit[88]) 1258 Herzog Heinrich die Güter des
Niederaltaicher Krankenhauses von der Steuer und verleiht
ihm zugleich die niedere Gerichtsbarkeit; so bestätigt Herzog
Otto 1235, dass sein Vater „in parrochia Chuobach omnibus
stiuris et judiciis abrenunciavit"[89]); die Herzöge Otto und
Stephan verbieten 1296 ihren Beamten ein Gut von Kloster
Seeligenthal „mit Gerichte, mit Stewern etc." zu beschweren[90]);
und Herzog Rudolf befreit 1305 ein Gut von Tegernsee, über
das er Vogt war „von Stewer, von Vogtay und von allen.

---

bezahlt, aber hier ist die in klingender Münze gezahlte S t e u e r nicht
fixirt, sondern lieferte im Maximum einen Ertrag von 35, im Minimum von 20 Pfund Baseler Pfenningen. Wenn es bei den Dörfern
Fessenheim und Blodelsheim im Amte Landser [diese Dörfer liegen,
wenigstens nach der Pfeiffer'schen Ausgabe des Urbars pag. 5, im
Amt Ensisheim] dann heisst, diese Orte gäben „von vogtrehte ze
stiure", so ist das Wort „vogtreht" hier wol in dem Sinne aufzufassen, dass die Dörfer nicht den Habsburgern als Eigengut gehörten,
sondern als Vögten: denn die angegebene stiure ist die gewöhnliche
Steuer." Soweit S c h u l t e. Nun heisst es im habsburgischen Urbar
pag. 25: „Die vrigen liute ze Domarkilche hant gegeben v o n v o g t-
r e h t e ze s t i u r e bi dem meisten etc. . . ." Hier nimmt also
Schulte das „von vogtrehte ze stiure" als die Abgabe des V o g t-
r e c h t e s bedeutend an. Im habsb. Urbar heisst es dann pag. 5:
„Das dorf ze Vessenheim git v o n v o g t r e h t e ze s t i u r e etc" und
„das dorf ze Bladoltzheim git v o n v o g t r e h t e ze s t i u r e etc."
Denselben Ausdruck „von vogtrehte ze stiure", welchen S c h u l t e
oben als V o g t r e c h t bedeutend erklärt hat, erklärt er hier mit
S t e u e r. Es liegt aber absolut kein Grund vor, den Ausdruck nicht
beide Male mit „Steuer" zu übersetzen; „v o n v o g t r e h t e ze
s t i u r e" heisst ebensoviel wie „vogtstiure" und diese ist identisch
mit Steuer: der Erklärungsversuch, den S c h u l t e anstellt, ist somit
unnötig. Auch ist es ein Widerspruch, wenn S c h u l t e zuerst von
dem von den freien Leuten zu Dammerkirch gezahlten „Vogtrecht"
redet und sodann dies V o g t r e c h t als eine „in klingender Münze
gezahlte S t e u e r" bezeichnet.

88) Q. u. E. V. 161.
89) M. B. XI. 534.
90) M. B. XV. 452.

2*

andern Dinsten"[91]). Das Kloster Niederaltaich klagt Ende des
12. Jahrhunderts, dass es, als es zuerst subadvocati bekommen,
auch zugleich zuerst „steurarum exacciones iniquissimas"
habe erdulden müssen[92]). Die subadvocati sind die Beamten
der Advocati; als diese letzteren — freie Herren, Grafen,
Herzoge — Landesherren wurden, da heissen die Beamten
derselben auch wol advocati[93]) und subadvocati. Die Klage
der Niederaltaicher ist somit sehr interessant für das Ver-
ständniss des engen Zusammenhanges, in dem das Steuer-
mit dem Vogteiwesen und die Entwicklung der Steuer zu einer
landesherrlichen Steuer mit der Entwicklung des Beamtenwesens
steht. In einer Urkunde Heinrichs des Löwen für Polling
heist es, die Vogtei solle nie „ad subadvocatos vel vicarios"
übergehen[91]); es scheint, als ob die Mönche von Polling auch
mit den subadvocati die „exactiones" gefürchtet hätten.
Später sehen wir dann die Verwaltung und Eintreibung der
Steuer geleitet von Beamten, die ursprünglich Gerichtsbeamte
sind (vgl. unten). — Wie also die Vogtei zur Landeshoheit,
die Vögte zu landesherrlichen Beamten werden, so wird die
Vogtsteuer zur landesherrlichen Steuer.

Der Ursprung der Steuer liegt also in der vollen öffentlichen Gerichtsbarkeit. Weniger klar ist die Feststellung
des Rechtsgrundes. Allerdings sahen wir die Steuer als
„ex jure advocatitio debitum" bezeichnet; doch gibt dieser
Ausdruck noch keine genügende Auskunft über den Rechtsgrund der Steuer. Wenn Zeumer[95]) sagt, dass an die Vogtei,
an die Abhaltung des Dinges „das politische Bewusstsein der

---

[91]) M. B. VI. 238.
[92]) M. B. XI. 21.
[93]) vgl. das Rech. Buch u. unten Anm. 158.
[91]) M. B. X. 41; im Allgemeinen vgl. Waitz, Verf. Gesch. VII. 372 ff.
und VIII. 398 ff.; v. Below, Zur Entstehung der deutschen Stadt-
verfassung pag. 200 (in v. Sybel's Histor. Zeitschrift, Bd. 58).
Bei dieser Gelegenheit erfülle ich die angenehme Pflicht, meinem ver-
ehrten Lehrer, Herrn Priv. Doz. Dr. v. Below, dem ich die
Anregung zu vorliegender Arbeit und mannichfache Förderung
verdanke, auch an dieser Stelle meinen besten Dank auszusprechen.
[95]) pag. 47.

Zeit das Besteuerungsrecht anknüpfte", so gibt dieser Satz auch keine ausreichende Erklärung der Sache; aber ich glaube mich Zeumer doch in seiner Gesammtauffassung anschliessen zu dürfen. Ein bestimmter Rechtsgrund für die Steuerpflicht ist überhaupt nicht zu erkennen; wir müssen denselben suchen ganz einfach im Geldbedürfniss. Das Geldbedürfniss führte die Inhaber der vollen Gerichtsbarkeit zu ausserordentlichen Forderungen, zu „Exactiones"; durch Gewohnheit[96]) ward aus dieser in ausserordentlichen Fällen geforderten und oft mit Zwang erhobenen[97]) Abgabe eine ordentliche Steuer, welche z. B. Herzog Ludwig 1294 eine „steura antiqua et debita nobis"[98]) nennt; selbst durch Vertrag zwischen dem Herzog und den Unterthanen, wenn ich dieses Wort hier anwenden darf, ward die Steuerpflicht festgesetzt; so verfuhren die Leute von Gaimersheim im Amte Ingolstadt, die „tempore prelii, quod dominus dux Otto felicis memorie habuit cum Marscalco de Papenheim, qui tunc temporis ibidem fuit advocatus, fecerunt pactum cum ipso domino duce, quod omni exactione steure et herbergarum ac vecture solverent...[99]) Was hier vertragsmässig festgestellt wurde, das ist in den meisten anderen Fällen durch Gewohnheit und stillschweigend eine Pflicht geworden. Die einzelnen Stadien dieser Entwicklung sind nicht erkennbar; doch spiegelt sich dieselbe wieder in den verschiedenen Bezeichnungen, die wir für die Steuer finden;

---

[96]) vgl. M. B. XIII. 229 (von 1282) „nec propter defensionem talem quicquam ratione juris, petitionis vel consuetudinis postulari"; Q. u. E. VI. 64 (von 1295) „cademus a jure seu exactione omnium utilitatum, quas steurarum nomine seu prestationum aliarum hucusque progenitores nostri et nos recipere consuevimus", hier wird das „Ius" mit der „Exactio" identificirt; dann M. B. X. 482 (von 1303) „Wann von alter gewohnheit es also herchomen ist, daz des Goteshaus Laent — uns ze stiure gebent"; Urbar pag. 474 „ist auch mit gewonhait herchomen, daz mangeit . . . von der stewer . . . ", u. öfter.

[97]) z. B. M. B. XIII. 240 (von 1290); „non sine gravi . . . prejudicio" und öfter.

[98]) Q. u. E. VI. 33.

[99]) Urbar pag. 148. Die Besiegung des Papenheimers fand ca. 1248 statt; vgl. Riezler, Gesch. Baierns II. 86.

in dem Ausdruck „exactio" wird das Moment des gewalt-
samen Forderns, in „petitio" das des Bittens betont, während
in der Bezeichnung „steura" der Begriff des Beisteuerns
überwiegt [100]).

Gehen wir nun über zur Behandlung der Steuertechnik,
so ist zunächst die Festsetzung der Höhe der Steuer
zu untersuchen. Da, wie wir gesehen, die Steuer im Allgemeinen eine Grundsteuer ist, so ist die Höhe des Steuer-
betrages auch wol meist nach der Grösse des betreffenden
Grundstückes berechnet worden. Für Kloster St. Nicolaus bei
Passau wird 1262 bestimmt, dass eine villicatio „decimis
instructa" ½ Pfund, eine kleinere villicatio „sine decimis instructa" 3 solidi, eine volle Hufe 60, eine halbe 30, eine
Viertelhufe 15 Denare, ein Zinsmann, der nicht auf Kloster-
gütern wohnt, 10 Denare als Steuer zahlen solle. Weiter
heisst es „quamdiu vero possessiones nostre sunt inculte et
non redierunt ad plenum servicium nobis recipientibus dictum
servicium, ipse (scil. der Vogt, d. h. Herzog Heinrich oder
sein Beamter) dimidium jus advocacie in steura et (?) recipiet,
et nobis recipientibus plenum servicium ipse recipiet plenum
jus advocatie et plenam steuram" [101]). Hier richtet sich also
die Höhe der Steuer unter gewöhnlichen Umständen und im
Allgemeinen nach der Grösse der Gehöfte; im Uebrigen wird
die Höhe der Steuer im Einzelnen von der Höhe des Servicium
und von der Art der Bewirthschaftung abhängig gemacht; die
Steuer ist niedriger zur Zeit der Brache (quamdiu possessiones
sunt inculte) [101a]). Eine Beziehung der Höhe der Steuer zu
der Höhe des Zinspfennigs findet sich am Ende des 2. Urbars
„swaz guot oben verschrieben sind (es handelt sich um das

---

[100]) vgl. oben pag. 5 und Zeumer pag. 3; über die ausserordentlichen
Steuern in Baiern vgl. unten pag. 45 ff.

[101]) M. B. IV. 349 ff.

[101a]) Ich erkläre wenigstens diese Worte der Urkunde mit „Brache";
man könnte allerdings auch an ein wirkliches Verlassen des Grund-
stücks seitens des Inhabers denken; doch scheint mir der Wortlaut
mehr auf einen periodischen Wechsel in der Bebauung hinzudeuten.

Amt Regensburg), sein in purchhuot, in satzung oder sust, di suellen allev alle jar zwen gewoenlich stewer je nach dem zinspfenn geben".[102]) Da nun die Höhe des Zinspfennigs jedenfalls eine sehr schwankende und von vielen Umständen abhängige gewesen ist[103]), so ist diese Festsetzung der Steuerhöhe auch eine sehr zweifelhafte. Wenn es über den Ort Herbruck, im Straubinger Gericht belegen, im Urbar heisst[104]) „ze stewer VI schill.; ez mag auch sein niht vertragen", so ist es nicht recht ersichtlich, ob die letzere Bemerkung auf die Steuerzahlung überhaupt oder nur auf die Höhe des Betrages zielt; war die ganze Steuerpflicht zweifelhaft und „nicht vertragen", d. h. nicht vertragsmässig festgestellt, so musste ja die Höhe der Steuersumme um so schwankender sein. Es wird hier der Betrag, 6 Schillinge, ein oder das andere Mal bezahlt, aber noch nicht aus der Gewohnheit zum festen Steuersatz geworden sein. Möglichst undeutlich drückt sich über die Höhe der Steuer der Urbarschreiber aus, wenn er bemerkt „man stewert nah des herren genaden".[105]) Eine genaue Festsetzung der Steuerhöhe haben wir schon gesehen bei den Leuten von Gaimersheim. Für die Besitzungen von Kloster Baumburg war die Steuer nicht fixirt; das Kloster sicherte sich gegen übermässige Steuerforderungen durch seine Mitwirkung an der Verteilung der Steuer über die Hintersassen.[106]) Fixirt dagegen finden wir die Steuer von den Gütern des Niederaltaicher Krankenhauses,[107]) von den Hintersassen des Klosters Scheiern in den Aemtern Aichach und Rain,[108])

---

[102]) pag. 535. Ein Fall, wo sich umgekehrt die Höhe des Zinses nach derjenigen der Steuer gerichtet zu haben scheint, findet sich im Codex Falkensteinensis (ed. Petz in „Drei bair. Traditionsbücher, herausgeg. von Petz, Grauert, Mayerhofer) pag. 17 „Anno, quando stiure non datur, 43 urne de minori censura; quando stiure datur, 16 urne . . . ."

[103]) so Urbar pag. 343 „solvunt pro fertilitate terrae."

[104]) Urbar pag. 510.

[105]) Urbar pag. 448. Bei den grundherrlichen Zinsabgaben heisst es Urbar pag. 485 „Di vischer dienent dem hertzogen nach genaden".

[106]) Q. u. E. V. 111.

[107]) Q. u. E. V. 161.

[108]) M. B. X. 482.

von den unter herzoglicher Vogtei stehenden Gütern des
Klosters Niedermünster (in Regensburg) in der Propstei
Deggendorf[109]), dann von Kloster Hohenwart.[110]) Die Höhe
aller dieser Summen wird jedoch wol nur für eine mehr oder
weniger bestimmte Zeitdauer gegolten haben; Teilungen der
Güter, Veränderungen in den Münzverhältnissen und der Be-
wirtschaftung sind an den fixirten Steuern sicherlich nicht
spurlos vorübergegangen. — Wie wenig 'die Steuer aus den
einzelnen Aemtern noch Ende des 13. Jahrhunderts fixirt war,
sehen wir aus dem Rechnungsbuch und der im Anhang beigefügten Tabelle 1; die Veränderungen innerhalb des einzelnen
Amtes sind allerdings leider daraus nicht zu erkennen. — Wenn
es wol verschiedentlich heisst, man solle „zwo gewoenlich
stewer"[111]) oder „drei stewer"[112]) geben, so ist hierbei doch
wol nicht an eine in dem Begriffe „stewer" liegende Fixierung
der Steuer zu denken, sondern es bedeutet das nur, die Steuer
soll zu 2 bezw. 3 Malen oder Terminen entrichtet werden;
ebenso erklärt es sich, wenn die Höhe der Vogtmutte bestimmt
wird als „medietas duarum steurarum"[113]). Wie nun die
Steuer im Einzelnen sich auf die Steuerpflichtigen verteilte,
wie die relative Höhe der Steuer beschaffen, darüber lassen
uns die herzoglich bairischen Urbare leider im Dunkeln. Die
ganze Art der Abfassung dieser Urbare ist für eine Forschung
in dieser Richtung höchst ungünstig.

---

109) Urbar pag. 474.

110) M. B. XVII. 107,

111) Urbar pag. 530, 531, 532.

112) Urbar pag. 450.

113) M. B. VII. 142. — Wir haben schon wiederholt das Vogtrecht oder,
wie dasselbe in Baiern vielfach heisst, die Vogtmutte erwähnt und
sie in urkundlichen Citaten vorgefunden. Diese Abgabe kommt
auch anderswo vor. Mit der Steuer oder Vogtsteuer ist sie nicht
zu verwechseln. Fr. v. Wyss erklärt aus dem Habsburger Urbar
das Vogtrecht für die Ostschweiz als eine sowol von den unter der
Vogtei stehenden Leuten als auch von Vollfreien bezahlte Abgabe;
v. Wyss und noch schärfer Schweizer in seiner oben Anm. 87
erwähnten Abhandlung pag. 139 betonen, dass das Vogtrecht „in
erster Linie eine Leistung der freien, dann der Gotteshausleute an
den Inhaber der Vogtei war, dass es aber die Eigenleute nicht

Es heisst hier stets nur, dieses Dorf und jener Hof, diese Hufe und jene Vogtei bezahlen so und so viel Steuer[114]). Wie gross die Höfe und Hufen sind — und sie sind doch nicht alle gleich gross gewesen —, wie viel Dorfbewohner die Steuer bezahlen, davon finden wir nichts[115]).

betraf." Das Vogtrecht war hier meist eine dingliche Last, oft auch persönliche Abgabe in Geld, Hafer und Hühnern bestehend. Im Allgemeinen stimmt dies auch für Baiern zu. „Item nota quod quilibet homo attinens ecclesie Ehingen et comedens proprium panem debet dare ovem I. valentem XII. denarios pro jure advocali" heisst es im Urbar pag. 320; also nicht die Voll-hörigen, sondern nur die ihr eigen Brot Essenden sind verpflichtet, das Vogtrecht zu bezahlen. Höfe, Hufen. Dörfer, Güter und Mühlen werden als das Vogtrecht entrichtend angegeben; dann Pfarren und Kirchengüter, so von Polling, Raitenbuch, Obermünster (in Regensburg) und Chiemsee (Urbar. pag. 294. 333. 301. 247.). Auch Leute, die der weltlichen Vogtei unterstanden, bezahlen das Vogtrecht; so lesen wir im Urbar pag. 398 „Item in eodem officio quidam homines pertinentes ad ducem jure advocali, quos idem tenetur defendere a violencia quorumcunque, solvunt annuatim XXX den. etc.". Von der Steuer wird das Vogt-recht scharf geschieden, wenn auch nicht stets in den Beträgen; so Urbar pag. 154 „frumentum stiurale et advocale" und pag. 121 „von vogitrehte und von stiura ain pfunt". Die Bezahlung des Vogtrechtes von einem Gute schliesst also die der Steuer von dem-selben Gute nicht aus; vgl. auch die oben Anm. 86. citirte Stelle aus der Urkunde für S. Nicolaus bei Passau. Mit der Befreiung von der Steuer ist diejenige vom Vogtrecht sehr oft verbunden, so in der Urkunde des Herzogs Ludwig für Neustift (1212) M. B. IX. 574; und in der des Herzogs Otto für Metmen (1293) M. B. XI. 369, u. öfter. Schon der Name Vogtmutte (mutte = modius) zeigt, dass diese Abgabe vorzugsweise aus Naturalien bestand, vgl. Schmeller-Frommann, Bair. Wörterbuch I. 1694; doch kommen auch Geld-beträge vor. Ein näheres Eingehen auf diese Abgabe, deren Ursprung noch im Dunkeln ruht, müssen wir uns hier versagen.

[114]) vgl. auch O. Lorenz, Deutsche Geschichte I. 375.

[115]) Folgende Uebersicht gibt die Fälle, in welchen nach dem 2., ca. aus dem 8. Jahrzehnt des 13. Jahrhunderts stammenden bair. Urbar die Steuer in ihren Beträgen genannt wird:

I. Oberbaiern.

1) „Homines de Gaimersheim" (Offic. Ingolstat) Steura, Herberga und Vectura zusammen.............. 25 Scheffel
   pag. 148.   Weizen u. 25
                                Sch. Roggen

Auch ist die Steuer in den Urbaren verhältnismässig selten verzeichnet, ein Umstand, der wol mehr eine Folge der

2) „apud Niwenburch" (Offic. Neuenburg) stiura advocalis pag. 159.	1½ Pfund.
3) „de granario abbatis sancti Emmerammi" (Off. Wasserburg) im Jahr „pro steura" . . . . pag. 240.	30 Pfund.
4) „Curia in Schrovenhusen dicta Angerhof" (Offic. Castri Schilberg) „pro stiura" . . . . pag. 268.	1 Pfund.
II. Niederbaiern.	
5) „apud Steuffelin . . . de dimidia huba" (Offic. Perngau) „pro stiura" . . . . pag. 341.	7 solidi.
6) „aput Alshoven . . Purchardus de huba Il lib. et pro stiura II. lib (Offic. Perngau) . . . . pag. 341.	2 Pfund.
7) „apud Steuffelin . . . tercia huba" (Offic. Perngau) „steura" pag. 341.	7 solidi.
8) „aput Peffelspach" (Offic. Perngau) „pro stiura" . . . . . . pag. 342.	8 Pfund.
9) „aput Menningen" (Offic. Perngau) „pro stiura" . . . . . . pag. 342.	4 Pfund.
10) „aput Swartzach tota villa" (Offic. Perngau) „pro steura" pag. 342.	20 Pfund.
11) „aput Reinhusen" (Redditus Ratispone) „pro stiura" . . pag. 365.	3 Pfund weniger 30 Den.
III. Transdonaubaiern.	
12) „Ch. Hielther in dem heribst" (Haus zu Buchberg) „ze stewer" . . . . pag. 441.	40 pfenn. u. 1 Huhn.
13) „Perhtold von Goetling" (Haus zu Buchberg) „ze stewer" pag. 441.	1 Pfunt.
14) „Ze Luefing . . . fuenf selden" (Haus zu Buchberg) „ze stewer" . . . . pag. 442.	7 schill.
15) „von den hoeven" (Haus zu Buchberg) „ze stewer" . . . pag. 442.	2 pfunt.
16) „von den 3 mucln" (Haus zu Buchberg) „ze stewer" pag. 442.	5 pfunt.
17) „Ze Faussendorf" (Eschelchamb) „den stewer" . . . . . . pag. 445.	7 pfunt u. 7 pfenn.

ungleichmässigen Abfassung des Urbars, welches nicht, wie
das habsburgische, von einer Hand zu stammen scheint,
sowie der in den meisten Fällen noch mangelnden Feststellung
der Steuerhöhe ist als diejenige einer wirklich so geringen Ver-
breitung der Steuer. Als Summe der in dem 2. Urbar angegebenen
Steuererträge erhalte ich, wie aus der Zusammenstellung in
Anmerkung 115 hervorgeht, den geringen Betrag von 118 Pfund

18) „Langenperg" (Eschelchamb) „ze stewer" .... | 5 pfunt.
pag. 445.

19) „Seichawe.... je der hof" (Eschelchamb) „ze stewer" | 6 pfunt.
pag. 445.

20) „Gotzlins Puochperch .... neunthalb lehen je das
lehen" (Eschelchamb) „den stewer" .... | 6 pfunt.
pag. 445.

21) „Ze Lamerpach ein lehen" (Gericht zu Viehtach) „ze
stewer" .... | 60 pfenn.
pag. 451.

22) „in dem obern Ried" (Gericht zu Viehtach) „den stever" | 7 Pfunt.
pag. 452.

23) „Griselseld" (Haus zu Nusberg) „ze cins und ze
stewer" .... | 60 pfenn.
pag. 452.

24) „der aeptessinn guot von Nider Muenster" (Deggendorf)
„von der stewer" .... | 4 pfunt.
pag. 474.

25) „Von Herbruk" (Gericht zu Straubing) „ze stewer"... | 6 schill.
pag. 510.

26) „Hettenpach ein hof" (Gericht zu Elnbach) „ze stever" | 1 pfunt.
pag. 513.

27) „Haid" (Gericht zu Elnbach) „ze stewer" .... | 60 pfenn.
pag. 513.

Wenn ich das Pfund zu 8 Schillingen und den Schilling zu
30 Pfennigen rechne (vgl. Riezler, Gesch. Baierns II. 182; Lorenz,
Deutsche Geschichte I. 383 ff.) so erhalte ich als Summe der in
diesem Urbar angegebenen Steuererträge: 118 Pfd., 5 schill. u.
17 Pfennige, sowie je 25 Scheffel Weizen und Roggen und 1 Huhn;
doch müsste davon noch abgehen der Betrag für die Herberge und
den Vorspann in Nr. 1 und der für den Zins in Nr. 23; ob ferner
jedesmal derselbe Münzfuss gemeint ist, ist auch zweifelhaft. Auch
ist nicht in Betrag gezogen, dass die Steuer in Nr. 3 für das ganze
Jahr, in Nr. 12 nur für den Herbst angegeben ist. Ich glaube aber,
dass diese Zusammenstellung, wenn sie auch an absoluter Zuver-
lässigkeit sehr viel zu wünschen übrig lässt, doch in gewisser Beziehung instructiv ist.

5 Schillingen und 17 Pfennigen, sowie 25 Scheffel Weizen,
ebensoviel Roggen und 1 Huhn; man vergleiche damit die
viel bedeutenderen Summen, welche, wie wir aus den im
Anhang beigefügten Tabellen ersehen, ein Jahrzehnt später
aus einem Vitztumamt Oberbaierns eingingen. Das Urbar
verzeichnet eben besonders nur die grundherrlichen Einkünfte,
die Steuern nur zufällig und vereinzelt. Neben den in den
ganzen Beträgen im Urbar angegebenen Steuersummen wird
daselbst manchmal einfach nur die Tatsache der Steuerpflicht
ohne die Betragsangabe erwähnt, ein Mangel in der Aufzeichnung, der sich nur dadurch erklärt, dass eben die Höhe der
Steuer in solchen Fällen noch nicht gewohnheits- oder vertrags-
gemäss feststand; so pag. 510 „Der stewer von dem dorffe
und daz gerichte daneben" oder pag. 530 „daselben zwo gewoenlich stewer" und öfter; oder es werden die Steuerbeträge
so mit anderen Leistungen vermischt, dass nicht zu erkennen
ist, wieviel auf die einzelne Leistung kommt[116]); so ist es
der Fall auch pag. 152, wo man liest „Item aput Lauterbach
frumentum pro stiura impositum et jus advocale sic
recipitur et etiam agni," dann folgen in langer Reihe die
einzelnen Beträge. Wie wir nun in der Feststellung der re-
lativen Höhe der Steuer zu einer bestimmten Zeit besonders
behindert werden durch die mangelnde Kenntniss der Grösse
der einzelnen Grundstücke, so hält uns von einem einiger-
massen genauen Anschlag der absoluten Höhe der Steuer in
ganz Baiern der Umstand ab, dass uns eine glaubwürdige
Aufzeichnung für das ganze Land fehlt[117]). Was die relative
Höhe der Steuer betrifft, so würde vielleicht eine Lokal-
forschung, die bis ins kleinste Detail einzudringen hätte, hier
noch manche Aufklärung geben[118]).

Die Steuer bestand in unserer Zeit noch zu einem be-
trächtlichen Teile aus den Erzeugnissen des Grund und Bodens,

---

[116]) vgl. auch Anm. 115 die Nr. 1 u. Nr. 23.

[117]) Ueber die Steuersummen des Rech. Buches vgl. unten pag. 40 und
die Tabellen im Anhang.

[118]) Leider sind mir die vielen Zeitschriften der historischen Vereine
Baierns, in denen sich derartige Lokalforschungen wol sicher be-
finden, fast alle unzugänglich gewesen.

der Landwirtschaft[119]). In dem ältesten Urbar, in welchem die Steuer nur dreimal erwähnt wird, heisst es einmal „fur stiura ain saum wines"[120]); das andere Mal „von vogitrechte und von stiura ain pfunt"[121]), endlich „fur stiura ain pfunt"[121]). Also findet sich hier, im 3. Jahrzehnt des 13. Jahrhunderts, schon neben einander der Betrag in Naturalien und Geld. Im 2. Urbar besteht der Inhalt und Betrag der Steuer, wenn überhaupt angegeben, in Geld; nur einmal wird auch ein Huhn gesteuert[122]); ebenso einmal Weizen und Roggen[123]). Am Ende des 13. Jahrhunderts besteht in dem oberen Vitztumamt von Oberbaiern die Steuer ganz aus Geldbeträgen, wie uns das Rechnungsbuch zeigt; als die Ingolstädter Bürger einmal 100 Scheffel Roggen gaben, ward doch gleich der entsprechende Geldwert beigenannt[124]).

Die Termine, an denen die Steuer erhoben ward, deuten auch da, wo die Bezahlung schon in klingender Münze erfolgt, auf den ursprünglich naturalwirthschaftlichen Betrieb hin. Die Steuer ward meist in 2 Terminen entrichtet; diese werden bezeichnet nach der Jahreszeit, nach Monaten, nach Fest-tagen; so „alle Jar ze dem Mayen und ze dem Herbst"[125]), „auf den Mayn und auf den Herbst"[126]); oder es wird ent-gegengestellt „pro stiura autumpnali et Maii"[127]); dann „in festo sancti Georii . . et in festo beati Martini"[128]); „an sand Jorgen tag"[129]); „post festum pasche"[130]); endlich „circa festum

---

[119]) In einem Vogteivertrage mit Benedictbeuern heisst es „si (scil. advocatus) . . ipsos reditus steuris ant indebitis hospitationibus leserit". M. B. VII. 121.

[120]) pag. 66.

[121]) pag. 121.

[122]) vgl. oben Anm. 115 No. 12.

[123]) vgl. oben Anm. 115 No.1; wieviel von dem Getreide auf die Steuer kommt und wieviel auf Herberge und Vorspann, ist nicht ersichtlich.

[124]) Rech. Buch pag. 298.

[125]) M. B. X. 482.

[126]) M. B. XVII. 107.

[127]) Rech. Buch pag. 288.

[128]) Urbar pag. 240.

[129]) Urbar pag. 442.

[130]) Rech. Buch pag. 287.

beati Georii . . . pro stiura Maii"[131]). In Weinbaugegenden geschieht die Steuerleistung „post vindemiam"[132]). Als die Zahlung in baarem Gelde aufkam, wurden die alten Termine beibehalten, einerseits der alten Gewohnheit zu Liebe, andrerseits wol auch weil zu diesen Terminen, die meist gleich nach den Ernten liegen, die Leute am meisten baares Geld hatten. Im Allgemeinen wird man annehmen können, dass zu zwei Terminen im Jahr die Steuer zu entrichten die verbreitetste Praxis war; und zwar in einer Mai- und einer Herbststeuer. In Oberbaiern begegnen wir auch zeitweise einer Sommer- und Wintersteuer zusammen mit der Mai- und Herbststeuer[133]). Die Sommersteuer heisst hier „stiura media". Doch wurde nicht immer an allen Terminen von allen Aemtern die Steuer erhoben und bezahlt; so heisst es im oberbairischen Rechnungsbuch[134]): „Item in officio Maerdingen nichil, quia propter dominam ducissam remittitur illa stiura (scil. stiura media von 1293); und ebenso die Herbststeuer von 1293 „item in officio Maerdingen nichil"[135]); bei der Sommersteuer von 1293 heisst es bei dem Amte Schwabeck „nichil dabatur"[136]), und

---

[131]) Rech. Buch pag. 296.

[132]) Urbar pag. 365.

[133]) Riezler, Gesch. Baierns II. 180 nimmt nach v. Oefele, dem Herausgeber des Rech. Buches, an, dass die stiura media im Grunde eine „stiura dimidia", keine Sommersteuer sei. Leider gibt er v. Oefele's Gründe oder seine eigenen nicht an. Aus der Zusammenstellung der Steuern aus den Aemtern nach dem Rech. Buche (Tabelle 1) sieht man, dass die stiura media nur sehr selten grade die Hälfte entweder der Mai- oder der Herbststeuer beträgt; einzeln ist sie grösser als eine der beiden letzteren. Wenn man nun annehmen wollte, die stiura media sei gleich der Hälfte der Summe von Mai- und Herbststeuer, so stimmt das mit den Zahlen ebensowenig. Es liegt aber auch, wie mir scheint, kein rechter Grund vor, nicht annehmen zu wollen, dass diese Steuer, die 1292 am 15. August und 1293 am 25. Juli auferlegt ist, als „Sommersteuer" gegolten hat; wollte man v. Oefele und Riezler folgen, so käme man zugleich in die Versuchung, mit dem Begriffe „stiura" den einer im Worte liegenden Fixierung der Steuer zu verbinden.

[134]) pag. 310.

[135]) pag. 314.

[136]) pag. 310.

schon 1292 ist bei demselben Amte die Angabe, dass es als
Sommersteuer 8 Pfund bezahlen solle, im Texte des Rechnungsbuches[137]) wieder ausgestrichen und stattdessen vom Schreiber
„nichil dederunt" hinzugefügt. Vermuthungen über die Gründe,
weshalb in solchen Fällen die Steuerzahlung nicht stattfand,
wage ich nicht aufzustellen; oft fehlt nur einfach das nicht-
bezahlende Amt, ohne dass eine darauf bezügliche Bemerkung
vorhanden wäre. Die „stiura hiemalis", die Wintersteuer, erscheint im Rechnungsbuch nur zweimal[138]) und zwar von den
Städten bezahlt; das zweite mal nur von den Städten Pfaffenhoven und Vohburg[139]). Neben diesen 2, 3 und 4 Terminen
finden wir auch nur einen einmaligen Termin der Steuerzahlung; darauf deutet hin die im Urbar[140]) erwähnte „stewer
ze einem mal"; wenn es aber manchmal[141]) heisst, die Steuer
solle „annis singulis" gezahlt werden, so steht nichts im Wege,
dies als eine Zusammenfassung mehrerer Termine zu diesem
Gesammtausdruck aufzufassen. Sehr pünktlich scheinen die
Termine nicht immer eingehalten zu sein; wie wir denn im
Rechnungsbuche Ende November 1292 verzeichnet finden
„cives de Chitzbuhel dederunt pro stiura transacti anni",
oder unter dem 20. Januar 1293 „cives de Aychach dederunt
pro stiura transacti autumpni"[142]); doch kam auch umgekehrt eine Vorausbezahlung vor; so entrichteten im Sommer
1292 eine Anzahl von Bürgerschaften an Herzog Ludwig den
Strengen die „stiura futuri autumpni"[143]), ebenso das
Amt Schwabeck[144]).

Als eine vom Landesherrn, dem Herzog, ausgehende
Steuer wird diese eingetrieben von landesherrlichen, herzog-

---

[137]) pag. 301.
[138]) pag. 294 und 312, doch nur das letztere Mal unter dem Namen
„stiura hiemalis".
[139]) Deshalb nicht in Tabelle 2 aufgeführt.
[140]) pag. 442.
[141]) Urbar pag. 448; M. B. VIII. 541. Im Allgemeinen verweise ich
noch auf die von v. Oefele verfasste Einleitung zu dem Rech. Buch.
[142]) pag. 300.
[143]) pag. 298.
[144]) pag. 289.

lichen Beamten.[145]) In den Urkunden finden wir, ohne dass Rangunterschiede bemerkbar sind, neben einander genannt als Beamte, die mit dem Steuerwesen zu thun haben: Vicedomini oder Vitztume, Judices oder Richter, Praecones oder Schergen; Kastner, Amtleute, Officiales. Herzog Ludwig verspricht 1212 dem Kloster Neustift „ut nec nos nec quispiam judicum nostrorum steuram aut jus advocati accipiat";[146]) die Güter des Propstes von Illmünster werden 1260 befreit[141]) „ab omnibus stiuris etc. judicum et officialium nostrorum". Herzog Ludwig gebietet für Kuebach „ut nullus officialium nostrorum, judicum, magistrorum censuum seu preconum — aliquid exigat."[148]), und in einer Urkunde Herzog Ottos für Prüfling heisst es „ab omni exactione steure, sen qualibet alia prestatione, que per vicedominos aut alios officiales nostros — fieri consueverunt".[149]) Herzogin Mathilde entbietet 1274 „allen unsern Richtern und Amptleuten", dass sie Kloster Altenhohenau nicht mit Steuern belästigen sollten;[150]) und 1296 versprechen die Herzöge Otto und Stephan „dass weder wir, unser Vitztum, unser Richter, unser Schergen noch dhein unser amptman" ein Gut des Klosters Seeligenthal besteuern wollen.[151]) Es ist ja nun klar, dass nicht alle diese genannten Beamten derselben Rangstufe angehörten. Ganz allgemein „Beamte" bedeutet der Ausdruck „Officiales, Amptmann". Vitztum, Richter und Scherge sind ursprünglich Gerichtsbeamte; der Vicedominus ist der höchste Gerichtsbeamte nach dem Herzog in seinem Bezirke, dem Vicedominat; er vertritt, wie sein Name sagt, den Herrn. Unter ihm stehen eine Anzahl von Richtern, von denen Jeder einem „Gericht"

---

145) vgl. im Allgemeinen Riezler, Geschichte Baierns II. 172 ff.; Stölzel, Gelehrtes Richterthum I. § 7; Lamprecht, Deutsches Wirtschaftsleben im M. A. I. pag. 1413 ff.

146) M. B. IX. 574.

147) M. B. VIII. 530.

148) M. B. XI. 536.

149) M. B. XIII. 240.

150) M. B. XVII. 18.

151) M. B. XV. 451.

(Judicium) vorsteht; dies „Gericht" bedeutet auch einen
Bezirk. Der Richter hat zu Unterbeamten die Schergen,
Praecones. Diese Abstufung sehen wir wiedergegeben in der
angegebenen Urkunde für Seeligenthal; aber hier sind es Steuer-
beamte; und das sind, wie wir aus den Citaten ersehen, die
richterlichen Beamten schon früh geworden. Die Jurisdictions-
grenzen fielen mit denen der Besteuerung zusammen [152]. —
Der Bezirk des Judex als eines Finanzbeamten heisst „Officium" [153]);
eine Anzahl von Officia bildet das Vicedominat. Der Vicedominus legt seinem Vicedominat die Steuer auf (imponit);
der Judex [154]) treibt sie von seinem Officium ein. Letzteres
ist in mehrere „Praeconatus" oder „Schergämter" eingeteilt;
an der Spitze eines Jeden steht ein Praeco. So hat um 1230
das Amt Landshut 21, das Amt Donauwörth 5 Schergämter.
Dies ist die allgemeine Organisation am Ausgang des 13. Jahrhunderts in Oberbaiern, wie das Urbar und insbesondere das
oberbairische Rechnungsbuch uns dieselbe erscheinen lassen.
Der Kastner oder Granator scheint in einigen Aemtern
eine Zwischenstellung zwischen dem Judex und Praeco ein-
genommen zu haben, · so in den Aemtern Dachau und Neunburg [155]); dagegen ist im Amte Paeul ein Unterschied in der
Stellung des Granator und Praeco nicht wahrzunehmen [156]).
Im Amte Wertungen und in der Stadt Donauwörth wird an
Stelle des Judex ein „minister" genannt [157]); wol nur eine
allgemeine Standesbezeichnung für den auch meist aus der

---

[152]) vgl. auch Zeumer pag. 47 ff.

[153]) „Officium" wird für mehrere Bezirke und Aemter gebraucht; für
das Praeconat, so Urbar pag. 278 „in officio preconis"; oder für
den Amtsbezirk des Zinsmagister, so Urbar pag. 307 „de officii
cinsmagistri"; oder für den des Kämmerers, so Urbar pag. 360
„de quinque officiis camerariorum; für den des Advocatus Rech.
Buch. pag. 285.

[154]) Der, Urbar pag. 357, auch „sive procurator" heisst.

[155]) Dachau: Rech. Buch pag. 286; 302 (Granator); pag. 282 (Praecones).
Neunburg: pag. 286 (Granator); pag. 282 (Praecones).

[156]) Rech. Buch pag. 284; 286.

[157]) pag. 281. 283. 298. 307. 312.

Zahl der Ministerialen entnommenen Judex[158]). Doch unterstand allen diesen Finanzbeamten nicht nur das Steuerwesen, sondern auch die Erhebung der Grundzinse für den Herzog als einen Grossgrundbesitzer und anderer hofrechtlicher und öffentlicher Abgaben.

Für die 3 Jahre 1291—93 zusammen lieferte in Ober-baiern der Vitzthum des oberen Vitztumamtes seinem Herzog eine Rechnungsablage ab; als eine solche wird man — v. Oefele macht schon darauf aufmerksam[159]) — das Rechnungs-buch, wie es uns erhalten ist, anzusehen zu haben; besonders der Schluss des Buches, wo die sämmtlichen „per triennium" eingegangenen Summen addirt vorgeführt werden, deutet schon darauf hin. Ob aber diese 3jährige Rechnungsperiode regel-mässig eingehalten wurde, oder ob sie bald kürzer, bald länger dauerte, müssen wir dahingestellt sein lassen[160]). Wenn die

---

[158]) In folgenden eine kurze Zusammenstellung, wie die verschiedenen Bezeichnungen der zu der Steuer in Beziehung stehenden Beamten in den einzelnen Aemtern zusammen auftreten (nach dem Rech. Buche):

1) Judex, praeco und granator in den Aemtern Dachau und Paeul.
2) Judex, praeco und camerarius nur in Neunburg.
3) Judex und granator in Schwaben, Kufstein, Wolfrathausen, Stadt München.
4) Advocatus und granator nur in Höchstedt.
5) Granator und Praeco in Möringen (im Urbar pag. 181 als „officium" aufgeführt).
6) Praeco und minister in Stadt Wertungen.
7) Judex allein in Ingolstadt, Aychach, Klingenberg, Landsberg, Mainberg, Leuchenstein.
8) Granator allein in Vohburg, Pfaffenhofen, Aiblingen.
9) Praeco allein in Hagel und Maenchingen (nach Urbar pag. 191 „officium").
10) Advocatus allein in Schongau.
11) Minister allein in Donauwörth.

Doch kommt, was nicht zu verhehlen ist, der „advocatus" im Rech. Buch nicht in Beziehung zur Erhebung der ordentlichen Steuer vor.

[159]) pag. 272.

[160]) am Mittelrhein erstattet im Allgemeinen der „Kellner" jedes Jahr Rechnungsablage, vgl. Lamprecht, D. Wirtschaftsleben I. pag. 1417; v. Below, Die Neuorganisation der Verwaltung in den deutschen Territorien des 16. Jahrhdts. (in Maurenbrecher's Historischem Taschenbuch 1887) pag. 311.

Stellung der Beamten der Landesherrn damals eine gegenüber
den letzteren viel unabhängigere gewesen ist, als sie es in
unseren modernen Zeiten ist, so zeigt sich diese grössere
Unabhängigkeit besonders in Bezug auf die Tätigkeit der
Beamten im Steuerwesen. Das beweisen schon die vielen,
seitens des Herzogs an die Beamten gerichteten Verbote über-
mässiger Steuerforderung. Es liegt aber auch in der Natur
der Sache, dass die Beamten in der Behandlung einer Steuerforderung, deren Rechtsgrund nicht über allen Zweifel erhaben
war und deren Höhe nicht immer genau feststand, von
Willkür sich nicht ganz frei halten konnten; es ist ferner zu
beachten, dass noch kein geordneter Beamtenstaat vorhanden
war, dass das landesherrliche Beamtenwesen noch mit vielen
privatrechtlichen Elementen verquickt war. Endlich kommt
hinzu, dass die Beamten in der Verwendung der Steuer zu
dieser Zeit nach freiem Belieben, wie es scheint, und, nur
dem augenblicklichen Bedürfniss genügend, haben schalten
und walten können.[161])

Wie nun innerhalb der kleinsten herzoglichen Steuerbezirke,
als welche wir im Allgemeinen die Schergenämter annehmen
müssen, die Steuer eingetrieben wurde, das ist meist nicht zu
ersehen. Das Rechnungsbuch giebt uns darüber gar keinen
Aufschluss; wir können denselben hier auch kaum erwarten,
da dieses Buch ja von dem über allen Officiis stehenden
Vitztum, bezw. seinem Notar[162]) nach den von den einzelnen
Judices ihm eingelieferten Summen abgefasst ist. Ob der
Praeco von Haus zu Haus, von Hof zu Hof gezogen ist, um
von Jedem Steuerpflichtigen den Steuerbetrag in Empfang zu
nehmen, oder ob innerhalb der Landbevölkerung, und wir
sprechen hier nur von dieser, eine Anzahl von Leuten sich
zusammenschlossen, die Steuer sammelten und den Gesammt-
betrag den Praeco überlieferten, diese Fragen müssen wir
unentschieden lassen. Da wo die Dorfansiedlung vorherrschte,
wird man vielleicht eine Gesammtbesteuerung des Dorfes annehmen dürfen; in den Urbaren heisst es manchmal „tota

---

161) Ueber die Verwendung der Steuer vgl. unten pag. 42.
162) Dieser nennt sich pag. 309 als den Verfasser.

3*

villa solvit pro steura"[163]) oder „die vorgenannten doerffer
und guot gebent, auch alle jar zwo gewonlich stewer"[164]), oder
„deu stewer von dem dorffe"[165]), oder wir lesen „quas (scil.
steuras) eiusdem ville villici dare integraliter sunt soliti"[166]).
Ausserhalb der von den herzoglichen Beamten geleiteten
Steuerzahlungspraxis scheinen die Güter einzelner Klöster ge-
standen zu haben. In einem Abkommen mit Kloster St. Nicolaus
bei Passau, über welches Herzog Heinrich die Vogtei besass,
wird bestimmt „et cum stiura fuerit imposita, prepositus
noster eam congregans advocato assignabit"[167]). In einem
Pachtvertrage mit dem Kloster Beurberg heisst es „in stiura
insuper competenti nobis, cum necesse fuerit, respondere tenentur"[168]); in diesem letzteren Falle kommt es zur Erklärung
allerdings darauf an, worauf man „nobis" beziehen will, ob auf
„competenti" oder auf „respondere"[169]). Wie man nun auch
diese mehr philologische Frage beantworten mag, das St. Nicolaus betreffende Beispiel zeigt uns unzweifelhaft eine Erhebung der landesherrlichen Steuer seitens des Klosters. Dass
der Klostervorstand auf die Art der Erhebung der Steuer
einen nicht geringen Einfluss gehabt, dafür haben wir auch
andere Beweise. In Baumburg darf die Steuer nur auferlegt
werden in Anwesenheit des Propstes oder des Archidiaconus
oder des ganzen Convents[170]) „item steure non imponentur
nisi aliquo ex nobis presente, qui cognoscat hominum possi-
bilitatem et per quod hominibus possit caveri"; d. h. um sie
vor etwaiger Übervorteilung seitens des Beamten zu behüten.
In St. Nicolaus muss, um seine Amtshandlung beginnen zu
können, der herzogliche Beamte erst bei dem Kellermeister

---

[163]) Urbar pag 342.
[164]) Urbar pag. 531.
[165]) Urbar pag. 510.
[166]) M. B. VII. 142.
[167]) M. B. IV. 349; vgl. dieselbe Bestimmung in dem Vertrage Herzog
Heinrichs mit dem Passauer Domcapitel über die Vogtei des Herzogs
über Capitelgüter; Q. u. E. V. 187 ff.
[168]) M. B. VI. 406.
[169]) vgl. oben pag. 10.
[170]) Q. u. E. V. 111; Zeumer pag. 7.

und den anderen „Officiales" des Klosters um Erlaubniss dafür
bitten[171]). Es wird sich diese Erhebung der Steuer und Be-
aufsichtigung von Seiten der Klosterverwaltung vermuthlich
jedoch wol nur auf die dem Kloster selbst nahe gelegenen
Besitzungen beschränkt haben.

Wir haben bisher stets nur von der Steuer gesprochen,
soweit sie das offene Land betrifft, nur von der Landsteuer;
die Städte haben wir nur flüchtig berührt. Es bleibt uns
die Besprechung der Stadtsteuer übrig. Denn auch die Landstädte mussten Steuern an den Landesherrn zahlen. „Wie
das Reich durch das System der „Städtesteuern", so bestreben
sich auch die Territorien durch möglichste Herbeiziehung der
Landstädte zur Aufbringung der „Landbeden" die entwickelte
städtische Steuerkraft für Landeszwecke nutzbar zu machen"[172]).
Dass Stadt- und Landsteuer im Ursprung und im
Allgemeinen auch dem Wesen nach übereinstimmen, hat
Zeumer überzeugend nachgewiesen; nur sind bei der Stadtsteuer gewisse, aus dem städtischen Leben resultirende Eigen-
thümlichkeiten wahrzunehmen.

Am 22. Februar 1265 verspricht Herzog Ludwig der
Stadt München, dass er in Zukunft keinen Bürger der Stadt,
abgesehen von seinen Beamten, d. h. dem Richter und dem
Kastner, von der Steuer, die man ihm jährlich zu geben habe,
und anderen Diensten befreien wolle; denn es sei billig, dass
alle kaufenden und verkaufenden Bürger denselben Lasten
unterworfen seien[173]). Hier wird also die Steuerpflicht motivirt
durch den Handel; ebenso heisst es in einem von Herzog
Rudolf 1294 für die Stadt Amberg ausgestellten Privileg:
alle die da chaufent und verchaufent, die schuln auch mit der
stadt dienen allen den dienst den die burger thunt"[174]). Im

---

[171]) M. B. IV. 350.
[172]) Ad. Wagner, Finanzwissenschaft, 3. Teil 1. Heft (Steuergeschichte)
    pag. 52.
[173]) M. B. XXXV. b. 4.
[174]) Zeumer pag. 77; über die „Teilnahme am Handel als einem Merkmal
    für Steuerpflicht" vgl. ebenda pag. 73.

Jahre 1294 bezeichnet dann Herzog Rudolf die Steuerpflicht
der Münchener noch genauer „dass alle die hi sein in der
stadt oder auzzerhalb, aept oder broebst, arm oder reiche,
die in der stat, darumb daz doch zuo der stat gehoert, haus
und hof, aigen oder lehen, ez sei gartt, paumgartt, hofstatt
oder swie ez genant sei, habent, mit in steuren sueln —.
Der saelb unser rat sol auch von sein saelbs haus, do er
saelb ze herberg wil inne sein, daz doch ungelthaft sol stein,
nicht steuren, der aber von seinen wegen in seinen haus
ist, hat er fuenf phunt oder in wert, und wil damit
chauffen oder verchauffen durch gewinnes willen, so
sol er gewin und haubtguot versteuen, wil er aber
weder chauffen oder verchauffen, so sol er hinder fuenf
phunden, die er hat, nicht steuren, hat er hinueber
icht, daz sol er versteuren"[175]. Also auch hier wieder
die Steuerpflicht abhängig gemacht davon, ob die Betreffenden
Handel trieben oder nicht; der Besitz von fünf Pfund baar
ist das Minimum des steuerpflichtigen Gutes eines jeden
Bürgers; für einen Handel treibenden Bürger scheint nicht der
Grundbesitz die Basis der Besteuerung gebildet zu haben,
sondern sein Betriebskapital. Im Allgemeinen sehen wir sonst
aus dieser Urkunde den Grundbesitz als den Träger der
Steuerpflicht, doch nur den selbstständigen Grundbesitz. Der
Rath der Stadt braucht für das Rathhaus, in dem er „zur
Herberge" wohne, nicht zu steuern. Auch die Geistlichkeit
ist von der Besteuerung nicht ausgeschlossen[175a]. Richter und
Kastner sind auch hier, wie auf dem Lande, die herzoglichen
Steuerbeamten; doch wurden diese beiden Beamten nur mit Zu-
stimmung der Bürger eingesetzt[176]. Um der Gefahr vorzubeugen,
dass der Herzog etwa einzelne Bürger besonders besteuerte, ward
bestimmt „wir [d. h. der Herzog] sueln auch hie ze Muenchen
weder man noch weip beschatzen mit besunderlicher

---

[175] M. B. XXXV. b. 14; vgl. auch die oben Anm. 10. erwähnte Arbeit
von Hoffmann pag. 9 ff.

[175a] vgl. oben Anm. 59.

[176] M. B. XXXV. b. 15.

beschatzung[177]). ez sei dann daz si ez besunderlichen ver-
wuerchen"[178]). Ebenso gab der Herzog Rudolf 1296 der
Stadt Nabburg das Recht „daz wir noch dehaeiner unser
amptmann dehaeinen burger von der stat, der ez niht ver-
schuldet hat, sol sunderlich beschatzen"[179]). Das Haupt-
streben der Städte ging eben dahin, die Einzelbesteuerung
abzuschaffen und eine Gesammtbesteuerung einzuführen.
Befreiung von der Steuer für eine bestimmte Zeit finden wir
1304 für München; diese Stadt hatte den Herzögen Rudolf
und Ludwig ihre Schulden bei Augsburger Juden bezahlt;
dafür befreiten[180]) die Herzöge die Stadt auf 6 Jahre
von „aller Stiure, bete, gabe, lehens, borgschafte, be-
schatzunge etc."; während dieser Zeit sollen die Bürger und
ihr Gut in der Stadt und auf dem Lande[180a]) „betfrei" und „an
alle Stiure" sein. Eine Feststellung des Maximalbetrages der
Steuer finden wir nur für die Stadt Neumarkt; 1308 bestimmten
die genannten Herzöge die Steuersumme dieser Stadt auf
höchstens 200 Pfund jährlich[181]); aus der 2. Tabelle im Anhang
ersehen wir, dass Ende des 13. Jahrhunderts eine genaue
Fixierung der Steuer für die Städte im Allgemeinen nicht
statt hatte.

Haben wir oben gesehen, wie in München die Geistlichkeit
steuerpflichtig war, so bietet uns ein Beispiel, dass der Herzog
eigenmächtig davon Ausnahmen zu decretieren sich erlaubte,
eine Urkunde Herzog Rudolfs vom 24. April 1307, in welcher
er dem Kloster S. Clara zu München gestattet, in das Haus
desselben zu Ingolstadt zwei Frauen und einen Mann zu setzen,
und die Steuerfreiheit dieser Personen gebietet[182]). Dagegen
wird von der Stadt München die Steuerpflicht der dem Kloster

---

[177]) Der Ausdruck „Schatz" für die Steuer mit seinen Ableitungen ist
für den Niederrhein typisch, vgl. v. Below in seiner oben Anm. 68
angegebenen Schrift pag. 198.
[178]) M. B. XXXV b. 16.
[179]) Q. u. E. VI. 92; über „exactiones speciales" vgl. Zeumer pag. 20.
[180]) M. B. XXXV b. 28.
[180a]) Ueber die Steuerfreiheit von Gütern der Bürger ausserhalb der
Stadt vgl. Zeumer pag. 83.
[181]) Böhmer, Wittelsb. Regesten pag. 59.
[182]) M. B. XXI. 259.

Scheftlarn innerhalb der Stadt gehörigen Häuser dahin geregelt[183]), dass die Mönche diese Häuser „als ofte swenne wir gemeinichlich arme und Reiche stiur geben — fuer fuenftzehn pfunt Muenicher pfenning suelen verstiuren".

Eine annähernde Vorstellung von der Höhe der von den Städten gezahlten Steuern können wir uns nach dem oft erwähnten oberbairischen Rechnungsbuche machen. Von den Städten des oberen Vitztumamts von Oberbaiern sind, nach Tabelle 2, in den 3 Jahren 1291—1293 gezahlt worden an Steuer 8538 Pfund, wobei aber die Verschiedenheit der Münzsorten sowie die in einigen Fällen (vgl. die Erläuterungen zu den Tabellen) anzunehmende Vermischung der Steuer mit anderen Abgaben nicht in Betracht gezogen worden ist und auch nicht werden konnte; auch ist die Wintersteuer von 1293, die nur von Pfaffenhoven und Vohburg und für bestimmte Hofzwecke gezahlt wurde, nicht mit berechnet. Wir sehen, dass die Stadtsteuer in diesen 3 Jahren quantitativ die Landsteuer, die sich auf 11887 Pfund beläuft[184]) — eine Summe, die in der Beurtheilung ähnlichen kritischen Einschränkungen unterliegt, wie die Stadtsteuer —, nicht erreicht; im Durchschnitt kommen auf jedes dieser 3 Jahre von der Landsteuer 3962⅓ Pfund, von der Stadtsteuer 2846 Pfund.

Die Städte zahlen ziemlich unregelmässig; aber nicht nur, dass nicht immer in jedem Jahre und zu jedem Termine alle Städte die Steuer bezahlen und dass diese Steuer dann bei denselben Städten an den gleichen Terminen verschiedener Jahre sehr ungleich gross ist, auch die einzelnen Termine werden sehr unregelmässig eingehalten; so geht die Maisteuer von 1293 teils ca. am 8. März (von München, Ingolstadt, Neunburg, Vohburg, Rain), teils ca. am 24. April (von Wasserburg), teils ca. am 5. Juni (von Weilheim und Schongau), teils am 15. Juni (von

---

[153]) M. B. XXXV. b. 23.

[154]) Wozu vielleicht noch die pag. 296 erwähnte Maisteuer (1291) der „Homines advocati de Aerrenbach" — 40 Pfund — zu rechnen wären ; dann wäre die Gesammtsumme 11927 Pfund, oder im Durchschnitt 3975⅔ Pfund.

Landsberg), teils sogar erst am 10. August (von Dachau und Pfaffenhoven) ein[185]).

Ueber den Grund der unregelmässigen Bezahlung der Steuer seitens der Städte, wie sie uns in der 2. Tabelle vor Augen tritt und besonders auffallend ist im Vergleich zu der grösseren Regelmässigkeit in der Bezahlung seitens der Aemter, ist im Einzelnen nichts angegeben; im Allgemeinen wird man kaum fehlgehen, wenn man annimmt, dass die Städte unabhängiger nicht in der Bezahlung überhaupt, so doch in der Art und Weise derselben waren als das offene Land. Die Städte werden in der Einhaltung der Termine grössere Freiheit gehabt haben. Der Grund dafür liegt jedenfalls nicht nur in der verhältnissmässig grösseren Sicherheit und Unerreichbarkeit der Städte gegenüber ihrem Landesherrn, nicht allein in dem Umstande, dass auf dem Lande dem Landesherrn stärkere Zwangsmittel zur Verfügung stehen, sondern es ist wohl auch in Betracht zu ziehen, dass, während die Regelmässigkeit des landwirthschaftlichen Betriebes dem Bauern die Bezahlung der Steuer an bestimmten, stets gleichbleibenden Terminen ermöglicht, der Städter — auch schon in dieser Zeit — von den Conjuncturen des Handels im Grossen wie im Kleinen abhängt; grade hierdurch scheint sich mir sowohl die Unregelmässigkeit der Bezahlung seitens der Städte von Jahr zu Jahr, als auch besonders in den einzelnen Terminen zu erklären; so sehen wir z. B. die Stadt Gundelfingen 1291 keine Steuer bezahlen, 1292 aber zusammen 370 Pfund; ebenso Lauingen 1291 nichts, 1292 aber 460 Pfund, 1293 wieder nichts. Allerdings, das ist zuzugeben, ist es gewagt, nach diesen nur für drei auf einanderfolgende Jahre erhaltenen Ziffern allgemeine Schlüsse zu ziehen[136]). Auf die grössere Unabhängigkeit in dem Gange der Bezahlung seitens der Städte scheint mir auch hinzudeuten, wenn in dem Rechnungsbuche im Gegensatze zu

---

185) Rech. Buch pag. 306—307.

136) Dass Lauingen 1293 nicht zahlte, steht vielleicht in Verbindung mit dem Streite dieser Stadt mit Herzog Ludwig, der in diesem Jahre ausbrach und zur Reichsunmittelbarkeit der Stadt führte; vgl. Rech. Buch pag. 307; Riezler Gesch. Baierns II. 165.

dem „vicedominus imponit" bei den Aemtern es bei den Städten stets heisst „civitates dederunt subscriptas stiuras"; bei den Aemtern scheint somit die Steuer sich mehr dem Begriff der „exactio" zu nähern, bei den Städten wird das Moment der freiwilligen Leistung mehr hervorgehoben.

Was nun die Verwendung der eingezogenen Steuerbeträge, sowohl der vom Lande als von den Städten, seitens der herzoglichen Verwaltung betrifft, so können wir uns über diesen Punkt kurz fassen; es ging damit in Baiern, wie in allen andern Territorien, und mit dieser landesherrlichen Einnahme, wie mit den meisten anderen öffenlichen Einkünften. Eine Centralfinanzverwaltung nach unseren modernen Begriffen fehlt; an ihrer Stelle steht die Hofverwaltung; die Steuererträge werden meist für den Aufwand des Hofes verwandt; doch fliessen die Beträge nicht etwa alle an den Hof; dies geschah doch nur mit einem verhältnissmässig geringen Bruchtheil der ganzen Erträge[187]); meist werden dieselben von den Vitzthumen, an welche die in den Unterbezirken eingesammelten Beträge einzuliefern waren, sofort zur Befriedigung der Gläubiger des Hofes oder neuer Bedürfnisse desselben verwandt[188]). So sehen wir in dem Rechnungsbuche stets auf die Aufzählung der eingegangenen Steuerbeträge sofort die Angabe, wie dieselben im Einzelnen verwendet werden, folgen; da heisst es z. B. (pag. 301) „ex hiis (d. h. den eingegangenen Summen)

---

187) Direct „ad cameram" bekam aus dem oberen Vitztumamt (nach dem Rech. Buch) 1291—1293 der Herzog 80 Pfund (pag. 293, 309, 310), die Herzogin 5 Pfund (pag. 309), der junge Herzog Rudolf (pag. 290, 291, 304, 309) 17 Pfund; in Summa also 102 Pfund; vgl. dagegen die aus den Aemtern und Städten desselben Vitztumamts in dieser Zeit überhaupt eingegangenen Summen der ordentlichen Steuer nach den Tabellen. Nach Böhmer, Fontes II. pag. XII. hatte der Pfalzgraf und Herzog von Baiern um 1300 20000 Mark Einkünfte (bei Hoffmann pag. 2, Anm. 3 steht irrthümlicherweise „Baiern hat 100000 Mark Einkünfte", es soll dies wol Böhmen sein).

188) Vgl. Zeumer pag. 118, für die Reichssteuer; über die Verwendung der Steuer seitens des „Kellners"; vgl. Lamprecht, D. Wirtschaftsleben I. pag. 1415.

date sunt Slahterio in Frisinga in debitis domini ducis 100 et
10 lib. Item pro pfantlosa data domine de Laeumburch, domino duci, domine ducisse, domino R. duci juniori et familie
eorum, cum transferrent se a ˙ Monaco in Werdeam . . .,
100 et 16 lib, de qua summa judex in Chlingenberch cre-
diderat 30 lib., judex de Swaben 26 lib . . . .; Item Wurmoni
81 lib. in creditis carnibus ad curiam domine ducissae . . . .;
item Laymerio in credito vino et vario opere 56 lib." u. s. w.
Die Gläubiger des Hofes werden auf die Erträgnisse der
einzelnen Steuerhebestätten angewiesen. „Der Landeshaushalt
lebte von der Hand in den Mund." —

Die Steuer bildete — das wird man doch aus den
Summen in den Tabellen ersehen können — eine sehr wichtige
Einnahmequelle für den Herzog. Aber es kam doch vor, dass
der Herzog sich dieser Einnahme aus freien Stücken teilweise
entäusserte; und zwar nicht allein durch die erwähnten Befreiungen von der Steuerzahlung, die ja meist auch nur auf
beschränkte Zeit erfolgten und bei Klöstern gewöhnlich den
bedrückten wirtschaftlichen Verhältnissen — oft „Gebresten"
genannt [189]) — abhelfen sollten; sondern der Herzog schritt
sogar zur wirklichen Veräusserung der Steuer. Viele
öffentliche Rechtsinstitutionen des Mittelalters hatten ein solches
Schicksal; sie werden an Privatpersonen veräussert, in den
privatrechtlichen Verkehr gezogen; so blieb denn die Steuer
auch nicht ganz davon verschont. In Brandenburg z. B. ist
die Veräusserung der Steuer sehr ausgedehnt gewesen [190]).
Auch in Baiern finden wir im 13. Jahrhundert einige Spuren
von solchen Vorgängen. Im Jahre 1235 bestätigt Herzog
Otto der Erlauchte dem Kloster Kuebach das diesem von
seinem Vater verliehene Recht auf alle Steuern und Gerichte

---

[189]) M. B. X. 482 für Scheiern „das daz selb Gotteshaus dester paz von
  seinen grozzen Gebresten chomen, da es lang her inne gewesen
  ist"; oder M. B. XVII. 107 für Hohenwart „Daz wir angesehen
  haben den grozzen gebresten"; M. B. XI. 369 für Metmen „quo
  comodius ad pingiuorem fortunam valeat pervenire" u. öfter.
[190]) Vgl. Schmoller, Epochen der preuss. Finanzpolitik (Jahrbuch für
  Gesetzgebg. I.) pag. 38. v. Below, Landständ, Verfassung I. Anm. 104;
  II. pag. 58.

„sic et nos ipsum factum renovando tam clericorum suorum
quam omnium hominum in nuper dicta plebania commorancium
stiuras et judicia ququo modo eveniencia prefate Abbatisse
et conventui cum omni jurisdictione porreximus".[191]) Herzog
Ludwig bestätigte dies wiederum 1268, und 1305 die Herzöge
Rudolf und Ludwig.[192]) Weiter veräusserte die Steuer die
Herzogin Mathilde an Kloster Diessen 1302; sie will dem
Kloster einen Teil ihrer Mitgift schenken und nennt darunter[193])
„judicium, forum in Dyessen, jus exigendi stiuras". Wenn,
wie wir hier sehen, das Recht, die Steuer zu erheben, vom
Landesherrn an Klöster verliehen wird, so ist dies als eine
schwere Selbstbeeinträchtigung der landesherrlichen Praerogative
anzusehen; sie fällt allerdings weniger in die Wagschale
Klöstern gegenüber, denen doch meist die materielle Macht, sie
auszunutzen, fehlte, als in den Fällen, wo weltlichen Herren
das Besteuerungsrecht verliehen ward. Für letzteres haben wir
in Baiern in der für Uns in Betracht kommenden Zeit keine
Beispiele. — Der Verlust des Besteuerungsrechtes wird auch
wol angedroht, wenn bei Pfandverträgen oder dergleichen die
Bedingungen nicht erfüllt werden. So erklären die Herzöge
Otto, Ludwig und Stephan am 23. April 1295, dass wenn
sie nicht in der angegebenen Frist dem Kloster Niederaltaich
gegenüber ihren Pfandverpflichtungen nachgekommen wären, sie
jedes Rechtes auf die Steuern von den Gütern und Colonen
des Klosters verlustig gehen würden[194]).

Auch eine zeitweilige Veräusserung der Steuer — einen
Vorgang, den man zu trennen hat von zeitweiligen Befreiungen
— können wir anführen. Herzog Otto schuldete an Nieder-
altrich 1000 Pfund; deshalb machte er 1293 diesem Kloster
eine Verschreibung[195]), nach welcher dem Kloster für 4 Jahre
je 100 Pfund aus der Vogtabgabe anheimfallen sollten; zu
diesem Zwecke wird der Abt an den Richter in Iserhofen

---

[191]) M. B. XI. 534.
[192]) ebenda pag. 535—536.
[193]) M. B. VIII. 200.
[194]) Q. u. E. VI. 63 ff.
[195]) Q. u. E. VI. 16.

verwiesen; ferner überliess der Herzog dem Kloster auf dieselbe
Zeit für jedes Jahr 40 Pfund von der Steuer, die in dem
Praeconat des Gaenslin einkäme; endlich stellte der Herzog den
Abt sicher für den Fall, dass während dieser Jahre der Ertrag
aus den Gütern, und dadurch dann auch die Steuer, sich durch
gewisse Umstände vermindern sollte; in diesem Falle sollte
der Abt auch noch über die genannten 4 Jahre hinaus sich
an die Einkünfte aus den Gütern halten, bis er auf seine
Kosten gekommen sei.

Auf diese Weise nutzte der Herzog ja die Steuer auch
aus für seine Zwecke; für die Steuerzahler musste es aber
sicherlich lästig sein, wenn sie durch derartige Verpfändungen
den Ausbeutungen seitens Fremder ausgesetzt wurden.

Die ordentliche Steuer hat, wie schon erwähnt, auch noch
nach dem Jahre 1311 weiter bestanden. Wir wollen nun noch
einen Blick auf die ausserordentlichen Steuern bis zum
Jahre 1311 werfen. Die ordentliche Steuer, wie wir sie in
den vorstehenden Blättern untersucht haben, ist im Allgemeinen eine ursprünglich ausserordentliche, für gewisse Fälle
geforderte Abgabe. Als sie allmählich eine ordentliche, eine
„steura consueta", „gewöhnlich stewer"[196]) wurde, blieb doch
für gewisse Fälle eine ausserordentliche Steuer bestehen[197]).
Aussergewöhnliche Ereignisse am Hofe innerhalb der herzoglichen Familie, wie Hochzeiten, Begräbnisse und dergleichen,
sodann Kriegszüge und der königliche Hofdienst, aber auch
drückende Schulden gaben Veranlassung zu solchen Forderungen.
Das erste Beispiel einer in Baiern vom Herzog erhobenen
ausserordentlichen Steuer finden wir, als 1214 Herzog Ludwig
von den Grafen von Limburg und Jülich am Niederrhein
gefangen genommen wurde[198]). Um das zu seiner Befreiung

---

196) M. B. XXXVI a. pag. 583 (Urbar des Vitztumamtes Lengenfeld)
   u. öfter.
197) Zeumer pag. 15 ff. u. 46.
198) Mon. Germ. hist. S. S. XVII. 632 (Conr. v. Scheiern); Riezler,
   Gesch. Baierns II. 44; Schmeller-Frommann, Bair. Wörterbuch II. 777.

nothwendige Lösegeld aufzubringen, musste im Baiernland
„Arm und Reich, Edel und Niedrig geboren" beisteuern; das
Kloster Scheiern, dessen Chronist uns diese Sache berichtet,
allein 100 Pfund. Eine ausserordentliche Steuer scheint auch
die Küchensteuer zu sein, von der Herzog Heinrich 1260 die
Colonen von Kloster St. Zeno bei Reichenhall befreit; sie
wurde zu den Gerichtstagen von den Procuratoren angesagt[199]).
Weitere Zeugnisse erscheinen Ende des Jahrhunderts. Als
1292 Herzog Ludwig der Strenge seine Tochter Agnes mit
dem Landgrafen von Hessen vermählte, wurden zur Bestreitung
der Unkosten Extrasteuern gefordert und bezahlt; die Bürger
von Ingolstadt steuerten „pro subsidio ad nupcias" 120 Pfund
bei, dem Amt Kufstein wurden zu der gewöhnlichen Steuer
noch 20 Pfund „ad expensas factas in nupciis" auferlegt[200]).
Und als 1294 der alte Herzog das Zeitliche segnete, ward
ausser der gewöhnlichen Steuer noch eine Küchensteuer (stiura
coquinalis) „propter expensas factas ad exsequias in Fürstenvelt
celebratas" gefordert; sie ward in dem oberen Vitztumamt
sieben Aemtern auferlegt und brachte hier nahezu 86 Pfund
ein[201]). — Gewichtiger noch waren andere ausserordentliche
Leistungen. Im Jahre 1295 schon gedachten die Herzoge
Otto, Ludwig und Stephan zur Tilgung ihrer Schulden
eine Nothsteuer zu erheben und zwar in allen „dioecesibus
nostri dominii . . . ob nostrorum onera debitorum."
In der Diözese Regensburg, soviel wissen wir nur von dem
Erfolg dieser Absicht, standen die Herzöge davon ab[202]). —
Dass die im Rechnungsbuche des Klosters Aldersbach erwähnten 126 Talente, welche Herzog Otto 1299—1300 von
den Leuten und Gütern dieses Klosters erhob, eine ausser-

---

199) **Lang**, Reg. Boica III. 152; leider nur im Regest vorhanden.
Ueber „Procuratoren" vgl. oben Anm. 154.

200) Rech. Buch. pag. 296, 298. Auch die Notizen im Aldersbacher
Rechnungsbuche (Q. u. E. I 444), nach welcher 1292 der Abt „pro
allevacione steure" zum Herzog gegangen, deutet wol auf diese
ausserordentliche Steuer hin:

201) Rech. Buch pag 316.

202) **Rockinger** (vgl. oben Anm. 67) Anm. 327.

ordentliche Steuer waren, ist nicht ausgeschlossen[203]). — In den darauf folgenden Jahren erscheinen dann ausserordentliche Beisteuern mehrfach als „Viehsteuern". Zuerst 1302; damals gelobten am 2. Januar die Herzöge Rudolf und Ludwig, dass sie von den Edlen, die ihnen eine Viehsteuer bewilligt, keine weitere Steuer erheben wollten. Von jedem Rind und Pferd sollten 20, vom Schwein, Schaf und Ziege je 3, von jedem Zugthiere je 10 Pfennige gegeben werden; die Thiere unter einem Jahre alt ausser den Lämmern sollten nicht steuerpflichtig sein[204]). In diesem Falle ist also die Viehsteuer nur von „den Grafen, Freyen, Dienstläuten und allen edeln" [205]) erhoben; ihre Entrichtung ist abhängig gemacht von der Befreiung von der ordentlichen Steuer. — Eine weitere Viehsteuer ward 1304 gefordert; wir wissen von ihr nur durch eine dem Kloster Formbach ausgestellte und dasselbe von ihr befreiende Urkunde [206]). — Gegen den Verkauf der Münze zu München und Ingolstadt an die Herren Grafen, Praelaten, Ritter und Städte ward dann 1307 den Herzögen eine von ihnen geforderte Viehsteuer bewilligt; die Steuer war folgendermassen fixirt: vom Ross und vom Ochsen je 15 Pfennige, vom Rind je 7½, vom Schwein, Kalb, Schaf und von der Ziege je 2 „und swaz des vichs unter einem jar ist, daz geiht nit"[207]).

---

203) Q. u. E. I. 448.

204) Q. u. E. VI. 131; bei Herm. Altah. cont. III (M. G. S. S. XXIV. 57) ist das Abkommen in Verse gebracht.

205) vgl. v. Below, Landständ. Verf. II. Anm. 136.

206) Krenner, Anleitung zu dem näheren Kenntnisse der bair. Landtage, pag. 2; Riezler, Gesch. Baierns II. 511; Rockinger Anm. 328.

207) Q. u. E. I. 452 und VI. 146. Bei Riezler II. 511, oben, soll es wol 1307 statt 1309 heißen; von einer 1309 geforderten Notsteuer ist mir nichts bekannt. — Ob eine ausserordentliche Steuer gemeint ist, wenn es im Aldersbacher Rechnungsbuche (Q. u. E. I. 455) heißt, der Abt sei zu Weihnacht 1307 zum König von Ungarn (d. h. Otto III. v. Niederbaiern) gegangen „pro refusione steure, quam ab hominibus ecclesie nostre tulerat" lasse ich dahingestellt sein.

Bei dieser letzten Viehsteuer sind also schon alle Stände beteiligt; zur Ritterschaft und Geistlichkeit sind die Städte getreten. Damit ist der Weg zur landständischen Verfassung, die sich auf dem Steuerbewilligungsrecht aufbaut und deren Grundstein in dem 1. grossen Freiheitsbrief vom St. Veitstag des Jahres 1311 gelegt wurde, geebnet.

Excurs.
Ueber Herberge und Herbergsteuer in Baiern.

Das Institut der Herberge (herberga, nahtselde, pernoctatio, hospitalitas) ist in der deutschen Verfassungsgeschichte bekannt. Ursprünglich eine Verpflichtung, welche darin bestand, den König, Grafen, dann Territorialherrn bei ihren Reisen und Zügen, sowie ihre Beamten[208]) zu beherbergen, ward sie allmählich eine in Naturalien oder Geld umgesetzte, öffentliche Abgabe. Diese Herbergsabgabe findet sich wol in ganz Deutschland[209]). An den Besitz der „Grafschaft", d. h. der vollen öffentlichen Gerichtsbarkeit scheint auch diese Abgabe anzuknüpfen; „von der Graffschefft wegen" erheben die bairischen Herzöge von Kloster St. Veit den „Nahtseld Habern"[210]). Sie wird eng zusammen mit der Steuer genannt, und eine

---

[208]) Beherbergung des Judex: Urbar pag. 307. Vgl. im Allgemeinen Waitz, D. Verf. Gesch. VIII. 395 ff.; Lamprecht, D. Wirthschaftsleben im M. A. I. 1026; v. Below, Landständ. Verf. von Jülich-Berg I. Anm. 95 ff. und 252.

[209]) Es ist deshalb doch etwas zuviel gesagt, wenn Schulte (vgl. oben Anm. 87) pag. 531 die Herbergsteuer als ein „Unicum" des elsässischen Verfassungslebens" bezeichnet. Allerdings hat sie sich dort, wie das habsburgische Urbar zeigt, früh und weit entwickelt; sonst ist aber kein Unterschied zwischen „stiure ze herberge" und der bairischen „nahtselde".

[210]) M. B. V. 242; vgl. auch das Dienstmannenrecht von Ilzstadt im Bisthum Passau bei Grimm, Weistümer VI. pag. 113 § 6: „Item notandum est, quod ubicunque dominus episcopus judicium habuerit, ita quod ad eum immediate pertineat, ibi poterit recipere nathsedele, quoad comitiam, non quoad advocatiam, quia pro eadem solvitur voithaber".

4

Befreiung von letzterer ist nicht selten mit derjenigen von der Herberge oder Herbergsabgabe verbunden[211]); wir sehen hieraus, dass die Herbergsabgabe auch mit der Steuer auf denselben Gütern lastet; die Ausdrücke für Herberge werden auf die letztere ersetzende Abgabe übertragen[212]). Den Klostervögten wird neben der Steuerforderung meist auch die „Receptio herbergarum" untersagt[213]). Die Herberge haftet, wie die Steuer auf einzelnen Höfen und diese werden von ihr befreit[214]). Ursprünglich bestand diese Abgabe aus Naturalien, besonders aus Hafer; so heisst es in der erwähnten[215]) Urkunde für Kloster St. Veit von 1269 „Wir haben öch den Nahtseld-Habern, den etwann Pfallentzgrafen bey Rhein und Herzogn ze Bayrn von der Graffschefft wegen von des vorgeschriebnen Abbts und seines Klosters Urbarn namen, ye von dem Hoff vier Mezen-Habern und von der Hueb zwen, gar und gäntzlichen ablazzen"; oder es heisst[216]) item avene, que datur pro herberga, 374 metrete". In dem Vertrage der Leute von Gaimersheim mit dem Herzog sind Steuer, Herberge und Vorspann zusammengefasst in die jährliche Leistung von 25 Scheffel Weizen und ebensoviel Scheffel Roggen[217]). — Die Entwicklung aus der tatsächlichen Beherbergungspflicht zu der fixirten Herbergsabgabe können wir in rohen Umrissen in den bairischen Urbaren sehen. In dem ältesten Urbar heisst es pag. 98: „Do der Kameraer Voget waz uber die Kirchen ze Menchingen, do hete er aine herberge da; sit aber der herzogen niht hete die vogetaie an der Kirchen, do mohte man niht herberge haben und git man nu dirfur sehs schillinge". Also der Wechsel in der Person des Vogtes und, damit zusammenhängend, wol Furcht vor persönlichem Drucke bei tatsächlicher Ausnutzung des

---

211) M. B. VIII. 530; XI. 367; XVII. 19; Lang, Reg. Boica III. 133.

212) Später erscheinen auch „nahtseldpfenninge", M. B. XXXVIa. pag. 583.

213) z. B. M. B. III. 180; VII. 149; XV. 452.

214) M. B. VIII. 530; XI. 536.

215) vgl. Anm. 210; dann vgl. M. B. X. 335 „das wir dhein Recht haben an dem Herberghabern, den unser Amptleut daz in vodern".

216) Urbar pag. 240.

217) vgl. oben Anm. 115 No. 1.

Herbergrechtes führt hier zur Ablösung desselben in eine Abgabe.[218]) ·So wird es denn wol auch anderswo gegangen sein. In diesem ältesten Urbar besteht die Herbergsteuer meist noch aus Lebensmitteln, so „2 Metzen Weizen und Roggen, 6 Metzen Hafer, je ein Saum Weins und Bier, 32 Käse, 22 Hühner und 2 Frischlinge;" doch wird hier gleich hinzugefügt „oder sehzig pfennige."[219]) Die Chorherren von Illmünster müssen als Herbergsteuer 1½ Metzen Weizen, 2 Metzen Roggen und 15 Metzen Hafer geben;[220]) etwa 60 Jahre später aber ist ihnen dies augenscheinlich erhöht worden, denn damals müssen sie geben „2 Metzen Roggen, 3 Kastenscheffel Weizen, 15 Metzen Hafer 1 Schwein und 10 Solidi für Wein."[221])

Als Termine der Entrichtung der Herbergsteuer finden wir: „in autumno . . . et in estate;"[222]) „ainu bi dem haeu, diu ander bi deme graze,"[223]) oder „tempore graminis et feni;"[224]) oder „aine bi dem heu, die ander bi graden."[225]

Diese wenigen, auf Vollständigkeit keinen Anspruch erhebenden Bemerkungen werden genügen, um eine allgemeine Anschauung von der bairischen Herbergssteuer bis zum Beginn des 14. Jahrhunderts zu geben.

---

218) Zugleich scheint mir aus dieser Stelle im Urbar hervorzugehen, dass die directe Vogtei des Herzogs als ein Zustand betrachtet wurde, welcher der Vogtei Anderer bedeutend vorgezogen wurde.

219) Urbar pag. 34; pag. 99 „oder zwei pfunt."

220) Urbar pag. 81.

221) Urbar pag. 307.

222) vgl. vorige Anm.

223) Urbar pag. 98.

224) Urbar pag. 135. vgl. Schmeller-Frommann, Bairisches Wörterbuch I. 1029.

225) Urbar pag. 99.

Erläuterungen zu den folgenden Tabellen.

Das Zahlenmaterial der Tabellen entstammt allein dem oberbairischen Rechnungsbuche.

Die Buchstaben A, H, J und R bedeuten den Münzfuss; A = Augsburger, H = Haller, I = Ingolstädter, R = Regensburger, a. A. = alte Augsburger, a. M. = alte Münchener.

Wo kein Buchstabe angegeben ist, ist die Münchener Münze gemeint.

Alle Summen sind in „Pfund Pfennigen" angegeben.

Zu Tabelle I vgl. oben Anm. 184.

Bei Tabelle II ist zu bemerken: Die Herbststeuer 1292 ist im Texte des Rechnungsbuches vermischt mit einer ausserordentlichen Steuer; man kann nicht genau erkennen, bei welchen Städten; sicher nicht vermischt sind beide Abgaben bei den angeführten Beträgen von Aichach, Dachau, Landsberg, Ingolstadt, Pfaffenhofen, Rain, Schongau, Vohburg, Weilheim; sicher ist die Vermischung bei Wertungen.

Die Stadt Friedberg hat meiner Ansicht nach, im Gegensatz zu von Oefele pag. 274, keine Steuer in diesen 3 Jahren bezahlt; die 15 Pfund Augsb., welche diese Stadt (pag. 299) bezahlt, halte ich für eine ausserordentliche Beisteuer; vgl. sonst noch zu Tab. II oben Anm. 139.

Anspruch auf vollständige Genauigkeit kann besonders die die Städte betreffende Tabelle schon deshalb nicht machen, weil — wie auch bei den Aemtern — die Verschiedenheit der Münzarten nicht berücksichtigt werden konnte. Die kleinen für den Vitztum bestimmten Beträge, die zwischen 2 und 10 Pfund variieren, sind mit eingerechnet, da dieselben auch meist für allgemeine Zwecke benutzt wurden (vgl. pag. 312).

Tabelle I. und II.

Tabelle I.

Aemter	1291 Maisteuer	1291 Herbststeuer	1292 Maisteuer	1292 Sommer-steuer	1292 Herbst-steuer	1293 Maisteuer	1293 Sommer-steuer	1293 Herbst-steuer	Summa
Aibling	80	100	80	50	100	70	60	100	640
Aichach	110	160	60	51	105	80	70	110	746
Ammergau . . .	30 A.	30 A.	28 A.	16 A.	28 A.	28 A.	20 A.	25 A.	{205 A.
Peitinggau. . .									
Dachau . . .	79	80	68	35	84	50	50	77	523
Flintsbach. . .	10	10	8	5	10	6	6	8	63
Haimhausen. .	—	15	14	10	20	12	10	11	92
Höchstedt etc. .	60 a. A.	80 a. A.	60 a. A.	60 a. A.	100 A.	60 a. A.	100	100 a. A.	100+100A.+420
Ingolstadt. . .	45 J.	70	40	20	40	40	35 J.	60	270+80J. [a.A.
Klingenberg. .	110	150	130	85	210	100	—	205	990
Kufstein. . . .	160	180	92	55	154	136	80	140	997
Landsberg. . .	40 + 40 A.	40 A.	40 A.	30 A.	50 A.	30 A.	50 A.	50 A.	40+330 A.
Lenchenstein .	90	125	114	45	144	90	70	120	798
Mainburg . . .	8 R.	9 R.	8 R.	10 R.	9 R.	9 R.	9 R.	21	21+62 R.
Mertingen. . .	—	—	8	4	8	8 a. A.	—	20	20+ 8 a. A.
Mühlhausen. .	15	20	14	10	20	10	12	110	121
Neunburg etc..	120	80	106	58	140	90	80	80	844
Paeul	70	80	70	60	80	50	60	80	550
Pfaffenhofen. .	120	140	125	65	140	103	70	130	893
Rain	36	40	30	20	40	30	20	40	256
Schiltberg . . .	40	50	36	23	50	30	20	30	279
Schwabeck . .	20 A.f.Mai-u.Herbststeuer		20 A.	—	20 A.	20 A.	—	10 A.	90 A.
Schwaben . . .	90	90	80	50	110	50	60	90	620
Vohburg. . . .	40 + 14 R.	55 + 14 R.	35J.+14R.	20+10R.	50+14R.	40+12R.	25 J.+10R.	50J.+15R.	205 + 103 R. +
Wolfratshausen	160	198	170	90	198	148	150	197	1311

1577 Pfd. + 1886 Pfd. + 1450 Pfd. + 882 Pfd. + 1924 Pfd. + 1302 Pfd. + 1067 Pfd. + 1799 Pfd. = 11887 Pfd. [110 J.

Tabelle II.

Städte	1291 Maisteuer	1291 Herbststeuer	1292 Wintersteuer	1292 Maisteuer	1292 Herbststeuer	1293 Maisteuer	1293 Herbststeuer	Summa
Aichach	33	—	43	—	44	—	86 A.	120 + 86 A.
Dachau	—	—	26	—	24	22	26	98
Donauwörth	100 H.	—	410 H.	—	50 H.	—	410 H.	970 H.
Gundelfingen	—	—	170 H.	—	200 H.	—	200 H.	570 H.
Ingolstadt	200	—	200	—	200 J.	250 J.	250 A.	400 + 450 J. + 250 A.
Kitzbüchel	32 f.Mai-u.Herbststeuer		32 fürs ganze Jahr		—	—	—	64
Landsberg	44 A.	—	54 A.	—	50 A.	60 A.	106 A.	314 A.
Lauingen	—	—	410 H.	—	50 H.	—	—	460 H.
München	400 R. + 10	—	410	—	—	1210	1210	2840 + 400 R.
Pfaffenhofen	—	—	28	—	32	27	32	119
Rain	—	—	43 J.	38	65 H.	54 J.	75 A.	38 + 97 J. + 65 H. + 75 A.
Rattenberg	8 f.Mai-u.Herbststeuer		—	—	—	—	—	8
Schongau	43 A.	—	48 A.	—	43 A.	63 A.	—	197 A.
Vohburg	—	—	—	—	9	10 J.	12	21 + 10 J.
Wasserburg	84	—	—	—	—	155	160 A.	239 + 160 A.
Weilheim	44	—	55	—	65 a. M.	84	106 A.	183 + 106 A. + 65 u. M.
Wertingen	29 H.	—	44 a. A.	—	60 a. A.	—	—	29 H. + 104 a. A.
	1007 Pfd.	+ 20 Pfd.	+ 1951²/₃ Pfd.	+ 48²/₃ Pfd.	+ 902²/₃ Pfd.	+ 1935 Pfd.	+ 2673 Pfd.	= 8538 Pfd. Pfenn.